2022年版 九州経済白書

アフターコロナの企業戦略

～九州地域の新たな挑戦:脱炭素ビジネスとデジタル化～

公益財団法人 九州経済調査協会
KYUSHU ECONOMIC RESEARCH CENTER

はしがき

2020年２月以降、世界中で爆発的に拡大した新型コロナウイルス感染症は、2021年度になっても収束せず、国内外の社会経済に影を落とした。2021年10月から12月にかけては、一時的に感染者数は落ち着いたものの、2022年１月にはオミクロン株の感染が急速に拡大しており、今後のわが国ならびに九州地域の経済は予断を許さない状況となっている。

その一方で、新型コロナウイルス収束後を見据えた九州地域の企業の新たな挑戦が始まっている。１つは、コロナ禍による経済的な停滞を打破するために世界各国で実施されているグリーン投資をきっかけとした動きである。カーボンニュートラルが大きな流れとなるなかで、脱炭素ビジネス戦略を展開する企業が台頭してきている。もう１つは、コロナ禍をきっかけに、わが国のデジタル化の遅れが明らかになることで、企業のデジタル化戦略が加速していることである。九州地域の企業においても、業務効率化やビジネスモデルの変革、製品・サービスの在り方を根本から変えるDXやデジタル化の取り組みが広がっている。

今回の九州経済白書では、３年目を迎えたコロナ禍が九州地域の経済や企業にどのような影響を与えてきたかを明らかにした上で、脱炭素ビジネスとデジタル化の進展に関する実態や特徴をとりまとめ、アフターコロナの企業戦略を推進するための課題や対策について検討した。

本書が、企業や産業界などにとって、アフターコロナを見据えた企業戦略構築のヒントとなり、九州地域の発展の一助となれば幸いである。

最後に、九州経済白書の作成にあたっては、ヒアリングやアンケート、およびデータの提供などで多くの企業のご協力を頂いた。構想段階から執筆にわたって、関係者や実務者の方から、多くの重要なアドバイスや示唆をいただいた。この場を借りて深く感謝を申し上げる。

2022年２月

公益財団法人　九州経済調査協会
理事長　髙木直人

目　次

本書における「九州」とは九州7県を指し、「九州・沖縄」とは九州7県と沖縄県の8県、「九州地域」とは、九州7県、沖縄県、山口県の9県を指す。

本書では、2021年に刊行した「2021年版九州経済白書　コロナショックと九州経済」（2021年版白書とする）の調査結果を適宜活用して比較分析を行っている。

総括と展望

総括と展望

1．約２年のコロナ禍が九州地域に与えた影響

感染状況と連動する経済・産業

2020年度から発生したコロナ禍から、おおよそ２年が経過した。2020年春以降現在まで、新型コロナウイルス新規感染者数について６回の波が発生している。第５波は2021年９月上旬でおおむね収束し、同年12月まで新規感染者数は少なくなっていたが、オミクロン株の出現により、2022年１月現在、感染者数は爆発的に増加している。

この間の九州地域の人流について、感染状況が収束していた2021年９月から12月にかけては、コロナ禍前の水準を上回る場所もみられるようになってきたが、オミクロン株が急拡大した2022年１月以降は多くの場所で感染拡大前に比べて２桁減となっている。全国の消費活動については、財（商品）に対する消費額は増加しているが、サービスに対する消費額はコロナ禍により大幅に減少した。緊急事態宣言が解除された2021年10月以降には、旅行や外食を中心にサービスに関する消費が急激に回復したが、九州・沖縄の2021年12月末の飲食店情報閲覧数や2022年１月の九州の宿泊稼働指数をみる限り、2022年１月以降は旅行（宿泊）や外食も再び落ち込んでいる可能性が高い。九州の財・サービスの生産活動については、コロナ禍の2020年半ばから着実に回復したが、半導体不足や新型コロナウイルス感染拡大に伴う海外工場の稼働率低下により2021年半ばから再び落ち込んでいる。

このように、わが国ならびに九州地域の経済・産業の多くの局面では、新型コロナウイルス新規感染者数の状況により景気のプラスマイナスを繰り返す展開が続いており、現在に至るまで不透明感が解消されていない。

一部でみられる二極分化

一方で、経済・産業・企業の一部では、コロナ禍の中で二極分化が加速した。

第三次産業では、コロナ禍における新しい生活様式を追い風にしているゲームやインターネット関連、ネット通販などに関する業種の活動が活発な一方、観光や娯楽関連、個人サービス、広告やメディア関連の業種は低調な状態が続いている。九州地域の企業に対するアンケート調査でも、2020年度と2021年度の２年度で売上高が増加・横ばいであった「売上増加企業」と、2020年度は減少だが2021年度に増加した「売上持ち直し企業」の合計が約44%であった一方で、２年度で売上高が減少・横ばいであった「売上減少企業」と、2020年度は増加だが2021年度に減少した「売上増加から減少企業」の合計も同程度存在することが明らかになった。

二極分化は何故発生したのか。コロナ禍の影響を受けにくい企業や人流の回復の影響を受けやすい企業などが成長・回復し、そうではない企業が未だに低迷するというのが要因の１つではあるが、もう一つ無視できない要因が、デジタル化・DX による社会変革である。

存在感が大きくなるデジタル化

デジタル化・DX の存在感が大きくなっていることは、前述した第三次産業の活動におけるインターネット関連やネット通販に関する業種が活発になっていること、コロナ禍前と比べても求人数の増勢が著しいのがデジタル化・DX の推進に必要不可欠な IT 系専門職であることから見てとれる。特に雇用については、IT 系専門職の「一強」となっている。加えて、九州地域の企業では、コロナ禍を通して在宅勤務・フレックス等の導入が加速し、多くの企業にとってデジタル技術が身近な存在となった。アフターコロナの局面で意識している外部環境に関わる課題として、「情報／データ（主導型）社会への対応」を選択している九州地域の企業は、全体の 3 割強を占めている。

デジタル化は、コロナ禍の克服への貢献に加えて、今後の企業の成長の鍵を握る存在になりつつある。

2．脱炭素ビジネスをとりまく状況

世界的なカーボンニュートラルへの動きによる脱炭素ビジネスの市場拡大

地球の気温上昇を抑制するために、これまでも世界各国で取り組まれてきたカーボンニュートラル（脱炭素戦略）は、世界各国で発生したコロナ禍によって、その市場性を大きく変えた。コロナ禍により、2020年は人の移動の抑制から世界各国で需要減退が進み、経済活動が停滞した。これに対して、世界各国で脱炭素にむけた目標が設定され、実現に向けた巨額の予算が計上された。コロナ禍での経済的打撃の回復手段として、こうした「グリーン投資」が進められた結果、世界各国で脱炭素にむけた取り組みが開始・加速された。わが国でも、2020年10月の内閣発足時の菅総理（当時）の所信表明演説時に、2050年までのカーボンニュートラル達成が表明されたことで、脱炭素へのシフトが進んだ。こうして企業の脱炭素に関するマーケットは急拡大したが、企業の脱炭素への具体的な取り組みについては、自社単独で進めることは極めて難しくなっている。省エネ推進によりエネルギー消費そのものを減らすことや、社用車をハイブリッド車や EV などに転換するなど、自社でも可能な取り組みに加えて、脱炭素に貢献する製品・サービスの選別・導入や、自社が排出する二酸化炭素（以下、CO_2とする）量の計測や評価など、自社単独では実施困難な多岐にわたる取り組みが必要となるからである。そのため、脱炭素を進める企業に対して、製品やサービスを提供する「脱炭素ビジネス」の担い手が求められ、今後は「脱炭素ビジネス」の市場も急拡大が予想される。

脱炭素がサプライチェーンの上流下流に拡大することによる脱炭素ビジネスの市場拡大

企業の脱炭素に向けた取り組みについては、節電や節水といった省エネや、建物の断熱強化による暖房で使う燃料の削減、クールビズ・ウォームビズの導入、使用する電気の非化石燃料由来の電気への切り替えなどにより、企業活動における CO_2排出を減らす方法が挙げられる。こうした自社での脱炭素への取り組みはイメージしやすいため、すでに取り組んでいる企業が多い。しかし、国内外のカーボンニュートラルに向けた取り組みが加速する中、自社での取り組みだけではなく、原料調達・製造・物流・販売・廃棄までといった、サプライチェーンの上流・下流も含めて排出量を管理することが求められているが、こうした取り組みについてすでに実施が進んでいるのは国内外の一部の企業にとどまっている。さらに、サプライチェーンの上流部分となる、輸送・配送や通勤といった「運輸部門」については、他の部門に比べると CO_2 の削減が進んでいないため、マクロ的にも今後の取り組みが求められる。サプライチェーンの上流・下流も含めた CO_2 削減に取り組んでいる企業の一部は、すでに取引企業に対して脱炭素への協力を求めているため、今後の企業は規模や立地に関係なく、CO_2 排出量の削減が求められる可能性が高い。九州地域の中小企業や、「環境」に直接関係ない業務を担っている企業であっても、脱炭素への取り組みが必要となる。すでに九州地域の企業の多くは、今後の脱炭素への取り組みについて、「環境に配慮した／脱炭素を進めた原材料の選定・導入」「物流の見直し」「３Ｒ（リデュース、リユース、リサイクル）やCE（サーキュラーエコノミー）の強化」を重視する姿勢を示している。こうしたサプライチェーンの上流下流に脱炭素の動きが拡大することで、脱炭素ビジネスのマーケットはさらに拡大するといえる。

アフターコロナで脱炭素を重視する企業は脱炭素ビジネス志向が高い

すでに九州地域の約４割の企業が脱炭素ビジネスの担い手となっており、今後は６割程度に拡大する。従業員規模による極端な差は見られないが、今後、アフターコロナの局面で「脱炭素への対応」を重視する企業に限ると、今後脱炭素ビジネスの担い手になる企業は全体の８割に迫る。自社の脱炭素を意識することが、そのまま脱炭素ビジネスへの参入に繋がることがうかがえる。また、脱炭素ビジネスに取り組む企業は、部下任せや片手間では無く、経営主導で進める企業、脱炭素ビジネスへの参入で稼ぎ方を変えようとする企業が多い。

九州地域の脱炭素ビジネスの領域は二極化

具体的な脱炭素ビジネスの領域については、国が「2050年カーボンニュートラルに伴うグリーン成長戦略」において14の重要分野を示しているが、九州地域では参入しているビジネス領域について現時点では二極化している。比較的参入企業の数が多い領域は、太陽光発電や風力発電関係、水素エネルギー、蓄電池・蓄電池システム、建築物の脱炭素化（ZEB・ZEH）といったエネルギーの脱炭素や創エネルギーに関するビジネスである。

一方、参入企業の数が少ない領域は、CO_2 の排出抑制や回収・固定化を進める素材開発に関するビジネス、「限りある資源を効率よく共有する」シェアリングビジネス、コンサルティング・脱炭素を進める（ノウハウ提供やアドバイスといった）企業支援、排出権取引に関係するクレジット関係のビジネスである。素材開発など、現時点では研究段階に属するものが多いのが、このビジネス領域の特徴である。

脱炭素ビジネスにおける九州地域の３つの強み

九州地域には、脱炭素ビジネス（研究開発を含める）における強みが３つ存在する。

１つめは、九州地域における脱炭素ビジネスのポテンシャルの高さである。全国よりも進んだ太陽光発電システムの展開、海上風況に恵まれた洋上風力システム、海へのアクセスのしやすさに加えて、産業集積による高純度の水素供給能力の高さ（コンビナート集積）や、次世代電池の電極材の原材料の調達のしやすさ（焼酎粕を生み出す焼酎産業の集積）もポテンシャルに含まれる。

2つめは、九州地域における研究やビジネスに貢献する大学・高専の存在や研究・実証試験の場としての機能である。研究や実証試験、そして性能評価などビジネスに近い領域での研究に関して産学連携に参加する九州地域の大学・高専は一定数存在し、さらに一部の研究・実証試験は九州地域で展開されている。研究実証の場として九州地域が選択された場合、関連する設備や装置が先行して配置されることになるため、ビジネスに移行する段階で地域や参入企業にとって有利になる可能性が高い。

3つめは、脱炭素ビジネスをリードする企業・先進的な企業が九州地域に存在することである。蓄電池システムやZEB・ZEHの供給など一部の領域では、先進的な企業が存在する。加えて、水素エネルギーの利活用のように、東京の大企業が九州地域を研究・実証の場として選択するケースも、このビジネス領域ではみられる。

課題と対策

課題についても3つある。

1つめは、脱炭素ビジネスの展開にあたって、不足する知識・情報・ノウハウへの対応である。ビジネス未参入企業はもちろんのこと、参入済み企業においても、自社製品・サービスに対するニーズをもつ企業に対する知識・情報不足への対応や、コスト抑制に必要なノウハウ不足への対応を課題とする企業が多い。対策としては、成果を挙げている先進事例や産学連携・プロジェクトの知識やノウハウを企業が学び、共有することが必要である。

2つめは、九州地域での脱炭素ビジネスに関する研究・実証試験を加速させることである。ビジネスに近い領域を含めた研究・実証試験に参加する九州地域の企業や大学・高専は一定数存在するが、九州地域の経済規模を考慮すると参加者を増やす余地はある。対策としては、九州地域内の行政によるNEDOなどのプロジェクトの公募案件のさらなる周知徹底、また産学連携による研究・実証試験を加速させるための、産業界や行政によるオープンイノベーションの強化、一部の脱炭素ビジネスで必要となるデジタル技術に明るいスタートアップやベンチャー企業に対する支援強化が求められる。

3つめは、提供する製品・サービスのコスト低下を図りながらマーケットを開拓することである。世界各国で巨額の予算がつき、脱炭素に取り組む企業が増加することで、今後は脱炭素ビジネスのマーケット拡大が期待されるが、現時点での脱炭素ビジネスに関する製品・サービスはコスト高になりがちである。対策としては、短期的にはマーケットの政策的な拡大、中長期的には脱炭素に取り組み始める企業と、脱炭素ビジネスを展開する企業のマッチングにより市場規模を少しずつ拡大することが必要である。

3．デジタル化をとりまく状況

企業の生産性向上として不可欠な手段だが進展は道半ば

企業のデジタル化とは、社内情報の電子化による情報共有・情報処理の迅速化を図ることや、AIやビッグデータを用いた需要予測の実施など、デジタル技術を使った企業の業務効率やビジネスモデルの変革、製品・サービスの在り方を変える手段のことを指す。業務上の無駄を省きつつ、これまでできなかった付加価値の提供や売上高の向上が期待されるため、デジタル化は企業の労働生産性向上の一手段として有効に機能することが期待される。

労働生産性が、OECD 加盟国38カ国中28位と低迷するわが国にとって、デジタル化戦略は今後の企業にとって必要不可欠な手段である。しかし、わが国のデジタル化の進展は道半ばである。コロナ禍によって業種や規模の違いにかかわらずテレワークが普及したことで、企業にとってデジタル化はある程度身近な存在となったが、一定水準以上でデジタル化が進んでいると自認する九州地域の企業は全体の１割にとどまる。特に、中小企業での進捗が遅れている。

課題は全体最適を目指した取り組みの強化と小規模企業における取り組みの加速

企業アンケートによると、九州地域企業のデジタル化に関する課題は他にも存在する。それは、デジタル化を担う人材が不足していること、企業の全体最適を目指したデジタル化が少ないこと、小規模な企業ほど取り組みが遅れていることである。ただし、これらの課題は他地域にも共通する一般的な課題であることが予想される。

人材不足については、デジタル化における最大の課題とされ、デジタル化推進のボトルネックとなっている。九州地域のデジタル化の目的としては、「間接部門の業務効率化」「生産／サービス効率の向上」といった、既存のビジネスモデルでの部分的な最適化が主流であり、「新製品・新サービス・新事業の開発」「ビジネスモデル（収益源）の抜本的改革・変更」といった、会社全体で取り組む全体最適を目指したものは少ない。また、企業規模別に取り組み状況をみると、大企業では７割強の企業はデジタル化がある程度進んでいると自認しているが（一定水準以上の場合は18.0%）、50名以下の企業では４割程度にとどまっている（一定水準以上の場合は7.7%）。

デジタル化のポイントは経営トップの牽引、人材確保と活用、社外との適切な連携

一方、九州地域で業務プロセスの全体最適やビジネスモデルの変革、新規事業の創出を目的としたデジタル化に取り組む企業（以下、デジタル化先進企業とする）の特徴をみると、共通する３つの成功ポイントがみられる。１つめは、トップ・経営層によるデジタル化の牽引である。デジタル化先進企業は例外なくトップ・経営層がデジタル化の仕組み・必要性とその効果について理解した上で、デジタル化を経営計画の中で明記するなど全社的な推進体制を構築し、部分最適に陥らない体系的な取り組みを進めている。

２つめは、デジタル人材の確保と活用である。自社の事業の性質やデジタル化の目的に応じて、社内で確保・育成すべき人材と外部で確保する人材をすみわけて対応している。デジタル化先進企業の多くは、デジタル人材には、現場のユーザー・エクスペリエンス（UX）への理解が特に必要であると考えている。そのためこれらの企業は、デジタル人材を採用した時にデジタル化業務だけではなく、非デジタルな現場業務でも活用するなどの工夫により、本スキルの習得を促している。

３つめは、社外との適切な連携である。社内で不足するデジタル化のリソースを補うため、また取引体系・業界・地域などを巻き込む形で企業価値を創出するため、デジタル化先進企業の多くは多様な企業や大学などとの連携に積極的に取り組んでいる。連携のあり方としては、デジタル化の達成や市場の新たな価値提供を目指したユーザー・サポート間のオープンイノベーション型の連携、大学などの専門家の知見によりボトルネックを解消する共同研究型の連携、取引体系や業界全体でのビジネスの最適化を目指すプラットフォーム型の連携などがある。また、どの連携を選択するにせよ、連携に適したデータの形式の統一が前提となる。

整備が進むデジタル化の支援体制

デジタル化への機運が高まる中、九州地域では企業のデジタル化に向けた支援体制の整備が進んでいる。サポート企業に該当する主な業種であるソフトウェア業やインターネット附随サービス業は、コロナ禍にもかかわらず2020年度には計502の企業が九州地域に進出・創業している（(株)東京商工リサーチの企業データベースより）。

デジタル化のボトルネックとなる人材育成については、デジタル技術に精通する人材や経営者の育成は、すでに多くの企業や関係機関によるプログラムやセミナーが開催されている。デジタル技術に精通する人材の育成に対する大学・高専の役割は大きく、学生の育成については、近年では長崎大学や崇城大学などでデジタル人材育成に特化した学部や施設が新設されることで、人材育成の基盤が形成されつつある。一方で、社会人の育成については、一部で講座が開設されているがその数は少ない。経営者の育成については、経済団体や業界団体の果たす役割が大きく、インプットにとどめずアウトプットを通じた学びの場を提供しているケースが多い。

マッチングや仲介・コンサルティング支援については、九州地域の金融機関やファンドが中心となって展開されている。デジタル化を進めるための実証・開発支援施設および開発ツールの提供や補助金支援などの取り組みも九州地域の各地で進んでいる。

最近では、(一社)九州経済連合会、九州大学、福岡県、デロイトトーマツグループにより2021年11月に設立された「九州DX推進コンソーシアム」のように、包括的なデジタル化推進組織の設立や包括的支援の取り組みも進んでいる。

課題と対策

九州地域の企業におけるデジタル化戦略の課題は3つに集約される。

1つめは、デジタル人材不足の解消である。九州地域は、先端IT人材やUI・UXデザイナーといった、デジタル技術に精通する高度人材や現場と技術をつなぐ人材の不足感が、全国よりも大幅に高い。人材の確保策のうち、中途採用については多くの企業がデジタル人材確保に動いているなかで、中小企業にとってはハードルが高い状況にある。対策としては、社内人材育成を積極的に図ることをベースとして、セミナーや展示会に関する社員への情報共有と積極的な参加の促進、勉強会の開催、デジタル人材育成に特化したサポート企業のサービス活用などが挙げられる。

2つめは、全社的なデジタル化推進に向けた経営者の関与である。効果的な企業のデジタル化の推進には、全社をあげた統一的な取り組みが必要不可欠だが、その際、既存の業界慣習や社員の抵抗がボトルネックとなる。対策として、経営者の強い関与による全社推進の体制づくりが不可欠であり、そのために経営者自身がデジタル化・DXへの理解を深めるために展示会やセミナー・ワークショップへ積極的に参加すること、中期経営計画へデジタル化を明記するなどにより経営上のデジタル化の位置づけを明確にすること、社内に部署横断的なデジタル化推進組織を立ち上げることなどが必要となる。

3つめは、様々な主体とのデータ連携の推進である。デジタル化先進企業は、多様な主体との連携を推進して目的を達成しているが、その際には企業間のデータ連携が不可欠な要素となっている。また、官民のデータ連携も重要となる。行政の統計データは、企業所有のデータと組み合わせて企業経営や機械学習に用いるデータとして有用なものが多く存在するため企業側の活用ニーズは高いが、データ連携に適した形で整理されていない、データの所在が分かりにくいなどの問題があるほか、そもそも非公開である場合も多い。対策としては、企業間のデータ連携については業界やサプライチェーンにおける共通 EDI の促進や連携プラットフォームの構築などが挙げられる。行政については、データ連携に適した整理手法の採用や API 連携への対応、データに関する情報の一元化などの促進が挙げられる。加えて、地域データについては、観光関連統計をはじめ県ごとで統計の作成手法・データ整理手法が異なる場合も多く、県をまたいだデータの一体的な利用が困難な場合も多いため、九州地域では県同士での連携により、九州全体で共通的手法に基づいた相互利用可能な統計データ作成に向けた取り組みが望まれる。

4．展望と課題

コロナ禍の発生から 2 年が経過したが、九州地域の経済・産業・企業の動向は、新型コロナウイルス新規感染者数の状況により左右される展開が続いており、先行きに対する不透明感は解消されていない。一方、コロナ禍による景気減速に対する世界的な景気刺激策により、今後は脱炭素ビジネスの拡大が期待され、コロナ禍を契機に導入が拡大した企業のデジタル化については、今後、企業の業務効率や付加価値向上のための手段としての必要性・重要性が増している。近い将来訪れるであろうアフターコロナの時代における企業戦略については、以下の展望と課題が考えられる。

新製品・新サービス開発のトリガーとなる脱炭素ビジネスとデジタル化

脱炭素ビジネスは、2050年までの長期的な目標設定に加えて、短期的には景気刺激策の存在により、今後、急拡大が期待される。九州地域ではすでに 4 割の企業がビジネス参入済みであるが、市場化が充分ではなく、かつ参入企業が少ないビジネス領域が存在する。自社の脱炭素への取り組みを進めつつ、その方法やノウハウを他社に提供する形でビジネス化する、実証中の技術を素早くビジネス化するなど、新製品・新サービスとしての提供の可能性がある。デジタル化については、その導入目的を業務効率改善にとどめず企業全体の付加価値向上として位置付けるのであれば、デジタル化に伴う新製品・新サービスが誕生する可能性がある。一見、異なる概念とみられる脱炭素ビジネスとデジタル化だが、企業戦略として位置付けて実際に取り組むことで、両者とも新製品・新サービス開発のトリガーとして機能することが期待される。さらに、脱炭素ビジネスのうち、スマートグリッドやマイクログリッド、VPP（バーチャルパワープラント）など、エネルギーマネジメントに関するビジネス領域は、電力などの需給の制御・最適化のためにデジタル技術が必要不可欠となる。このように、一部のビジネス領域では脱炭素ビジネスとデジタル化の融合により、新製品・サービスが誕生する可能性もある。

今後予想されるサプライチェーンを意識した取り組みの拡大

加えて、脱炭素ビジネスと企業のデジタル化には、「今後はサプライチェーンも含めた対応が必要」という共通する要素がある。脱炭素ビジネスについては、今後の脱炭素に関する評価が自社単独の取り組みに加えて、上流部分の調達や輸送、下流部分の販売や廃棄まで及ぶため、脱炭素ビジネスの担い手は、顧客であるユーザー企業の動きに加えて、顧客のサプライチェーンに位置付けられる他企業の利用も考慮した製品・サービス展開が必要となる。また、調達先や販売先・廃棄先が増えた場合、デジタル対応抜きにすべてのCO_2排出状況を把握することは困難になることが予想される。

デジタル化については、自社単独だけではなく、取引体系や業界での全体最適を図る動きが一部のデジタル化先進企業でみられている。自社単独でデジタル化による自社内の全体最適を進めても、調達先への発注・注文や受領確認連絡、調達先からの請求書の受領や入金確認の案内などのやりとりが、FAX などの紙ベースであったり異なるデータフォーマットであったりする場合、結局調達先との業務効率は改善せず、企業としての業務効率改善が完全に進まなくなるからである。そのためデジタル化についても、今後は自社の取り組みに加え、サプライチェーンにおけるデータフォーマットの統一などの形に拡大することが予想される。

求められるオープンイノベーションや産学連携の加速

企業戦略の一環として脱炭素ビジネスやデジタル化に取り組む企業は、自社単独で実施することが難しい状況になっている。そのため、取り組む企業の多くは、自社以外の相手との連携を進めている。連携相手は、業界内外の企業に加えて、製品やサービスの開発や評価において企業と共同研究を進める大学や高専といった研究機関、実証の場を提供する自治体など多岐にわたる。これらの企業・研究機関・自治体は、今後の企業戦略の実現において必要不可欠な連携相手となる。

企業の「他企業などとの連携」を意識したビジネス戦略を後押しするためには、すでに取り組まれていることではあるが、九州地域における脱炭素ビジネスやデジタル化をテーマとしたオープンイノベーションなどの企業間プロジェクトや、産学連携の加速など、連携の場づくりに対する地域でのサポートが今後のカギを握る。加えて、デジタル技術に詳しい企業が多く、今後のデータ主導社会の牽引役となり得る IT 系のベンチャー企業・スタートアップの支援も、脱炭素ビジネスやデジタル化を企業戦略として採用する企業の増加を後押しすることになるだろう。

企業の活動に必要なデータプラットフォームの構築

これまでに紹介した取り組みを進めるためには、データに関する情報の一元化やプラットフォーム化を促進するデータ連携への取り組みも重要となる。脱炭素ビジネスであれ企業のデジタル化であれ、サプライチェーンを意識して自社以外の相手と連携する場合、必要なデータについては相互利用可能な状況にしておくことが望ましい。官民に加えて、民間同士のデータ連携についても地域一帯となって取り組むことが望ましい。

分析編

第1章

コロナ禍における
九州地域の経済・産業・企業

新型コロナウイルスは、2020年度同様、2021年度の経済・産業活動にも大きく影を落とした。新型コロナウイルス新規感染者数は、2020年春以降2022年１月まで計６回の波が発生し、その度に外出自粛が促される緊急事態宣言が複数の都道府県に発出された。第５波は９月上旬でおおむね収束し、2021年12月まで、新規感染者数は少なくなっていたが、オミクロン株の出現により、2022年１月現在、感染者数は爆発的に増えている。

本章では、人流や消費活動、産業活動や雇用などについて、統計データをもとに明らかにしたうえで、今回実施したアンケートにより、企業活動や戦略等の変化について分析する。

1 九州地域の経済・産業の変化

１）人流・移動人口

新型コロナウイルスの感染状況と連動する人流

最初に、人流の変化を明らかにする。ワクチン接種が進み、新規感染者数が落ち着いてきた2021年９月より、主要駅・繁華街の人流は回復し始め、直近12月下旬においてコロナ禍前の水準を上回る地点も散見されるようになってきた。図表１-１に示す九州の主要地点の感染拡大前比の動向をみると、新型コロナウイルス感染状況と連動して滞在人口が変動してきたが、2020年春に最初に緊急事態宣言が出され、2020年５月に人流は従来の半分にまで落ち込んだ。その後、2021年９月までは、緊急事態宣言が解除されていた期間においても、感染拡大前比５％減水準までの回復にとどまっていた状態であったが、2021月９月以降はこの５％減の壁を突破し、2021年12月末には、ほぼ感染拡大前の水準に戻っている。

地点別にみても、福岡市の二地点（天神、博多駅）がすでに感染拡大前の水準を上回っていたほか、那覇市の県庁前（沖縄県）や、昨年、再開発が進んだ宮崎駅前の新別府町（宮崎県）でも、感染拡大前の水準を大きく上回っていた。他の地点においても、再開発中の長崎駅（長崎県）や駅前広場を整備中の佐賀駅（佐賀県）を除き、ほぼすべての地点が感染拡大前比１桁の減少率にとどまる水準まで回復し、着実に外出活動が通常モードに近づいていることがうかがえる結果となっていた。

しかし、オミクロン株が急拡大した2022年１月以降、博多駅（福岡県）、県庁前（沖縄県）と新別府町（宮崎県）以外の地点ではいずれも２桁減となっており、新型コロナウイルス感染状況と連動する構図は変わっていない（図表１-２）。

図表１-１　九州地域主要15地点における滞在人口の増減率（感染拡大前比）

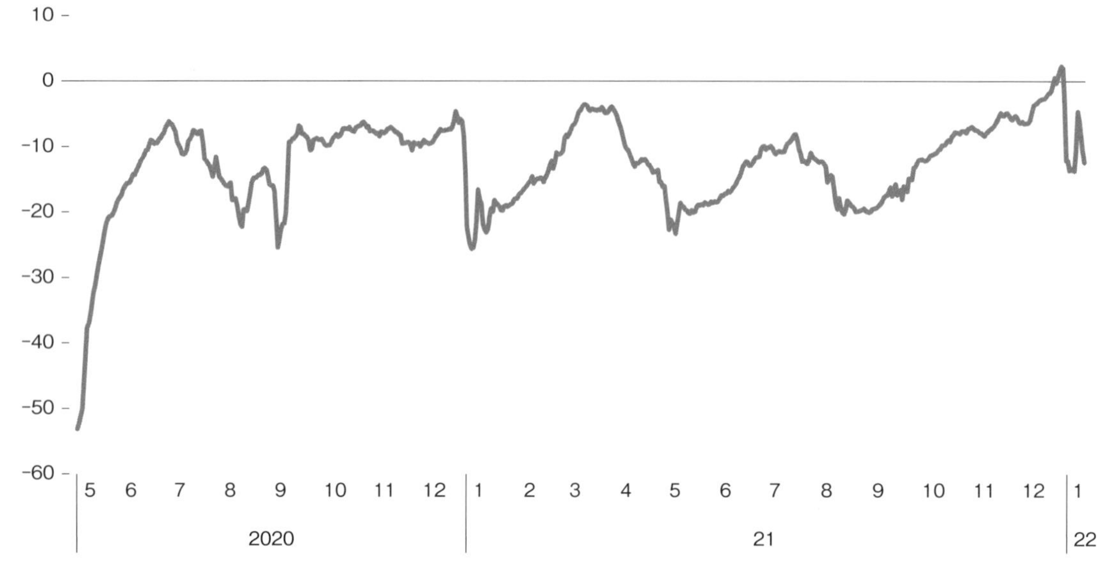

注１）「感染拡大前比」は2020年１/18～２/14の平日15時台平均
注２）増減率は15地点の後方７日間移動平均の単純平均
資料）NTT ドコモ「モバイル空間統計」　https://mobaku.jp/covid-19/

図表１-２　九州地域主要15地点における１/６-12の滞在人口の増減率（感染拡大前比）

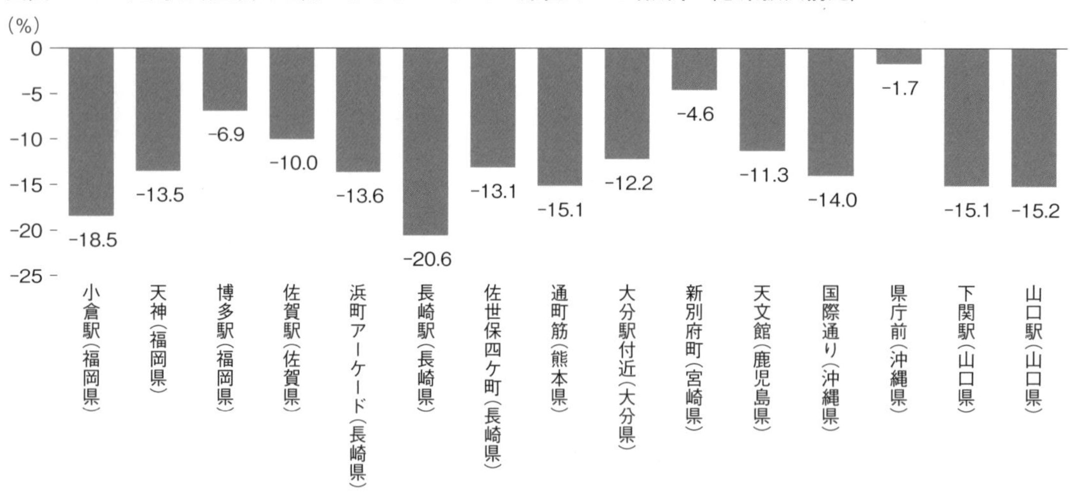

注）「感染拡大前比」は2020年１/18～２/14の平日15時台平均
資料）NTT ドコモ「モバイル空間統計」　https://mobaku.jp/covid-19/

縮小傾向続く転出超過

次に、移動人口について、2020年のコロナ禍において大幅に転出超過が縮小した九州から（へ）の転出・転入状況をみてみると（図表１-３）、2021年もわずかではあるが、転入超過のマイナス幅が縮小しており、2021年10月時点で、このマイナス幅が再拡大する気配はみられない。なお、この転出超過縮小は、転出者数の減少によるところが大きい。

次に人口吸引力が大きい東京圏（埼玉県、東京都、千葉県、神奈川県）の転入超過数をみてみると、東京圏の転入超過数はコロナ禍を契機に減少し、コロナ禍前の５割強の水準まで縮小している（図表１-４）。

図表１-３　九州地域の転出・転入状況

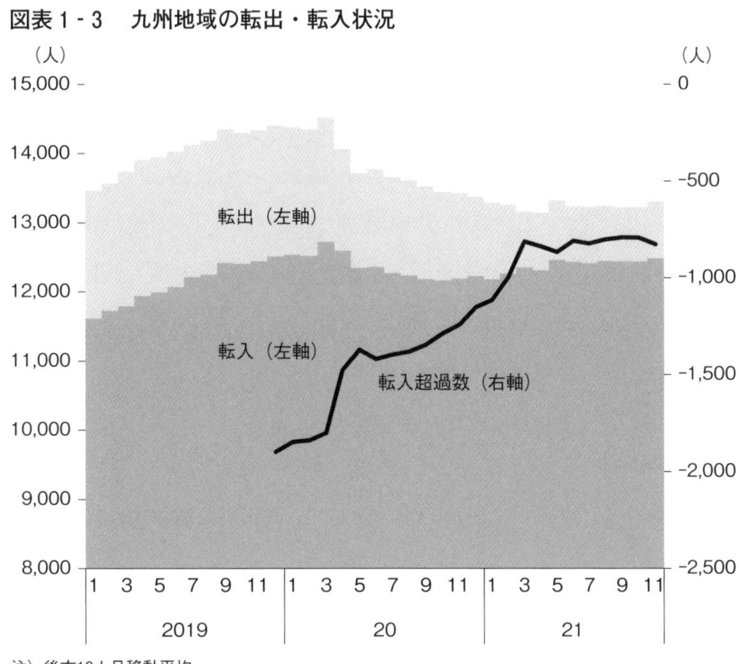

注）後方12カ月移動平均
資料）総務省統計局「住民基本台帳人口移動報告」より九経調作成

図表１-４　東京圏の転入超過数

注１）東京圏は埼玉県、千葉県、東京都、神奈川県
注２）後方12カ月移動平均
資料）総務省統計局「住民基本台帳人口移動報告」

2）消費活動

未だサービス消費に不透明感

次に消費活動についてみていく。図表1-5は2人以上世帯の月当たり消費支出額の推移を示しているが、財（商品）に対する消費額はコロナ禍以降増加している。一方でサービス消費はコロナ禍を契機に大幅に減少しているが、緊急事態宣言が解除された2021年10月以降のクレジットカードによる決済データをみると、サービス消費も急激に回復しており、直近2021年11月前後半とも、ほぼコロナ禍前の水準まで達している（図表1-6）。この急回復をけん引したのは、宿泊や外食による消費で、「宿泊」は9月後半には5%減だったが、11月後半には7%増となっている。「外食」の需要回復はさらに顕著で、9月後半39%減が、11月後半は2%減まで減少率が縮小している。

図表1-5　財（商品）とサービスの世帯当たり家計消費支出の推移

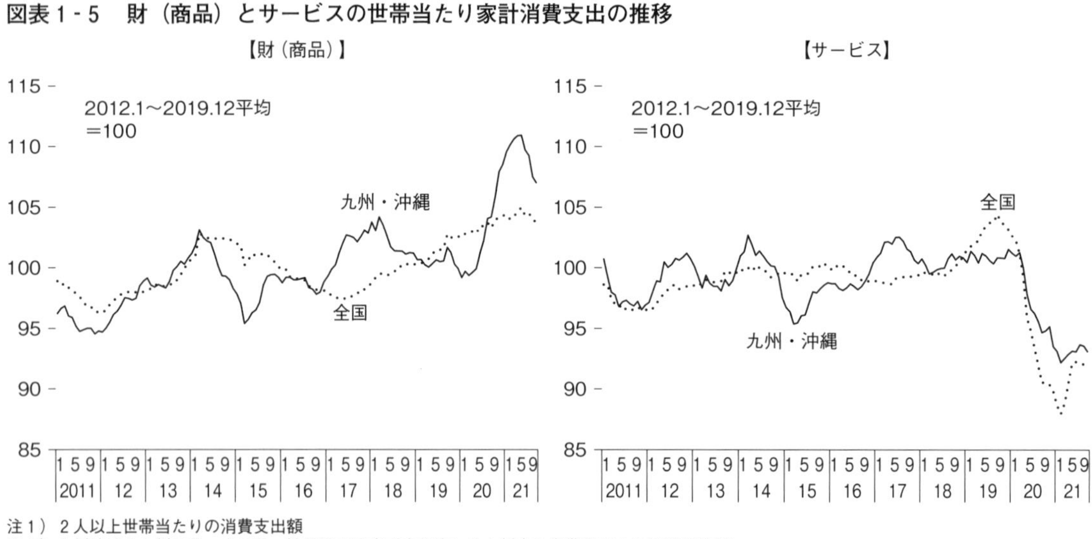

注1）2人以上世帯当たりの消費支出額
注2）九州地域は九州7県、山口県、沖縄県の県庁所在都市と北九州市の世帯数による加重平均値
資料）総務省統計局「家計調査」より九経調作成

しかし、オミクロン株の拡大によって、外食や宿泊も再び需要が落ち込んでいる可能性が高い。Retty(株)(V-RESAS）による九州・沖縄の飲食店情報閲覧数2019年同週比は2021年8月第3週79%減から、11月第3週41%減まで回復したが、12月第5週には53%減とマイナス幅が再拡大している。宿泊については、当会「DATASALAD」による九州の宿泊稼働指数でみると、2021年8月30日～9月5日に14.6と、直近のボトムをつけた後、11月15日～21日には72.6に上昇したが、2022年1月10日～16日には再び41.8まで低下している。

このように、依然としてサービス消費は新型コロナウイルスの感染状況により増減を繰り返す展開が続いており、未だ不透明感は解消されていない。

図表1-6　クレジットカード決済データにみる消費動向（福岡県）

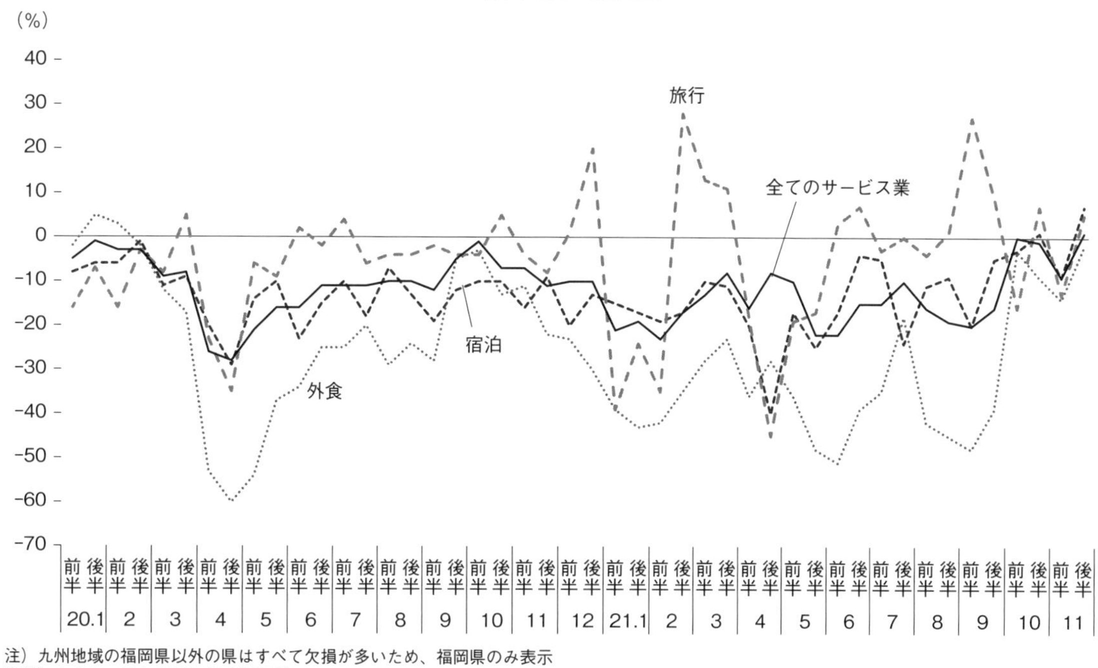

注）九州地域の福岡県以外の県はすべて欠損が多いため、福岡県のみ表示
資料）ナウキャスト/JCB（V-RESAS）

回復する実店舗販売額、変化した買い物行動

コロナ禍にあっても比較的堅調であった財の消費支出は、ネット通販等が牽引している側面がある。実際、2020年10月以降一貫して、インターネットによる支出額（ネット通販）は他小売業態の販売額と比べ高い伸びとなっている（図表1-7）。また、ネット通販同様、とくに九州では、ドラッグストアとスーパーの販売額の増勢が目立っている。さらに、巣ごもり消費を反映して、家電量販店とホームセンターの販売額も大半の月で2019年同月比5%を上回る伸びとなっている。

コロナ禍、そして外出抑制／自粛の影響は、大きな都市の中心に立地する百貨店販売を直撃しているが、一方で、これまで勢いのあった最寄り業態のコンビニエンスストア販売額も不振で、コロナ禍以降、2019年比で100%を上回った月がほとんどない。食料品や日用品の販売で競合するスーパーやドラッグストアの増勢をみるかぎり、外出抑制により買い物1回当たりの購入点数・品目が多い“まとめ買い”行動が増えたためだと考えられる。

このように、コロナ禍による消費活動への影響は、金額より行動に大きな変化をもたらしている。

図表1-7　業態別販売額・消費支出額（2019年同月比）

		百貨店	家電量販店	ホームセンター	ドラッグストア	スーパー	コンビニ	ネット通販	
2020	1月	91.6%	99.5%	98.3%	103.2%	101.1%	102.3%	109.8%	
	2月	84.4%	103.7%	108.4%	115.9%	105.0%	103.5%	97.2%	コロナ禍前
	3月	69.9%	91.3%	104.6%	106.1%	109.5%	94.5%	83.0%	コロナ禍後
	4月	27.0%	87.8%	107.1%	112.2%	104.8%	89.2%	101.2%	
	5月	41.8%	112.5%	116.2%	108.1%	113.1%	90.4%	101.0%	
	6月	79.9%	135.2%	120.0%	108.1%	116.9%	96.0%	121.1%	
	7月	81.9%	108.6%	115.5%	105.5%	113.0%	94.0%	107.4%	
	8月	79.6%	111.5%	119.1%	110.8%	111.9%	95.1%	98.1%	
	9月	65.5%	65.9%	112.6%	96.1%	103.9%	97.7%	94.8%	
	10月	98.3%	131.8%	116.5%	110.1%	118.2%	96.5%	124.4%	
	11月	88.6%	129.2%	112.3%	105.8%	113.5%	101.6%	125.9%	
	12月	89.7%	120.0%	112.2%	105.4%	112.5%	99.0%	126.9%	
2021	1月	62.9%	115.3%	110.9%	103.0%	112.7%	98.4%	113.8%	
	2月	72.5%	117.1%	114.1%	102.3%	112.8%	98.0%	111.7%	
	3月	84.7%	103.3%	106.6%	101.0%	109.7%	98.9%	122.7%	
	4月	78.9%	102.7%	108.9%	101.9%	111.7%	100.7%	119.7%	
	5月	65.2%	112.0%	109.1%	104.3%	113.7%	97.0%	106.1%	
	6月	76.5%	99.6%	106.4%	101.1%	110.8%	97.3%	127.8%	
	7月	84.5%	103.7%	108.3%	101.2%	112.2%	99.2%	128.9%	
	8月	67.2%	93.9%	99.1%	104.9%	107.3%	93.5%	112.1%	
	9月	63.4%	69.4%	93.5%	91.8%	102.0%	99.0%	107.6%	
	10月	101.9%	135.4%	112.7%	109.0%	119.0%	98.3%	139.2%	
	11月	94.3%	118.0%	106.9%	102.0%	113.2%	92.8%	156.5%	

注1）ネット通販は2人以上世帯1世帯当たりのインターネットを利用した支出総額
注2）網掛けの濃淡は増減率の高低を表す
注3）ホームセンターは秘匿値の鹿児島県と沖縄県を除く
注4）百貨店、スーパーは沖縄県を除く
注5）百貨店、スーパー、ホームセンター以外は九州・沖縄
注6）リンク係数による補正済販売額による
資料）経済産業省「商業動態統計」、総務省統計局「家計消費状況調査」より九経調作成

3）財・サービスの生産活動

次に産業活動を、製造業、第三次産業の順に、2021年後半を中心にこれら産業の活動指標から確認できる特徴をみていく。

サプライチェーンの正常化がカギとなる鉱工業生産

鉱工業生産指数にみる製造業の生産活動は、コロナ禍の中2020年半ばから着実に回復していたが、同年末以降、足踏み状態が続き、足下では再び停滞傾向に転じている（図表1-8）。とりわけ九州の生産指数は、2021年9～10月において、2020年5月のボトムの水準に接近する勢いで低下している。これは、世界的に長期化しているコロナ禍によって、半導体不足や東南アジアでの感染拡大による工場の稼働率低下により、自動車産業のサプライチェーンが機能せず、自動車組立工場の操業停止をもたらしたことが大きな理由である。実際、ASEAN10における日本企業現地法人の日本向け売上高（図表1-9）は、すでに中国よりも多く、わが国の生産活動を支える拠点として大きな役割を果たしているが、当地における新型コロナウイルス新規感染者数の拡大に伴い、2020年10～12月以降、日本向け売上高は減少している。

また、九州における2021年９、10月の在庫指数は大きく上昇し、生産も減少に歯止めがかかっているが、これは2021年10～12月期におけるASEAN諸国の新型コロナウイルス新規感染者数の減少に伴う生産活動の正常化と無関係ではないだろう。

実際、10月以降、ASEAN諸国でもワクチン接種が進み、ASEAN10のうち６カ国で接種率が60%を超え（2021年末時点）、新規感染者数は一旦落ち着いた。しかし、2022年から再び急増している状況にあり、再びサプライチェーンの断絶によりわが国の生産活動が滞る可能性がある（図表１-10）。

図表１-８　鉱工業生産指数と在庫指数（九州）

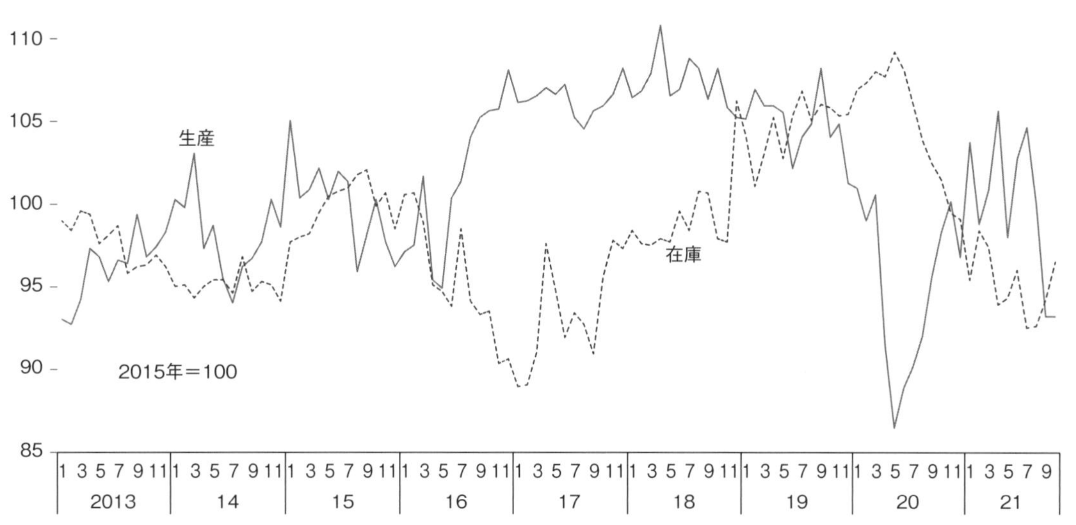

注）いずれも季節調整値
資料）経済産業省、九州経済産業局

図表１-９　海外現地法人の日本向け売上高の推移

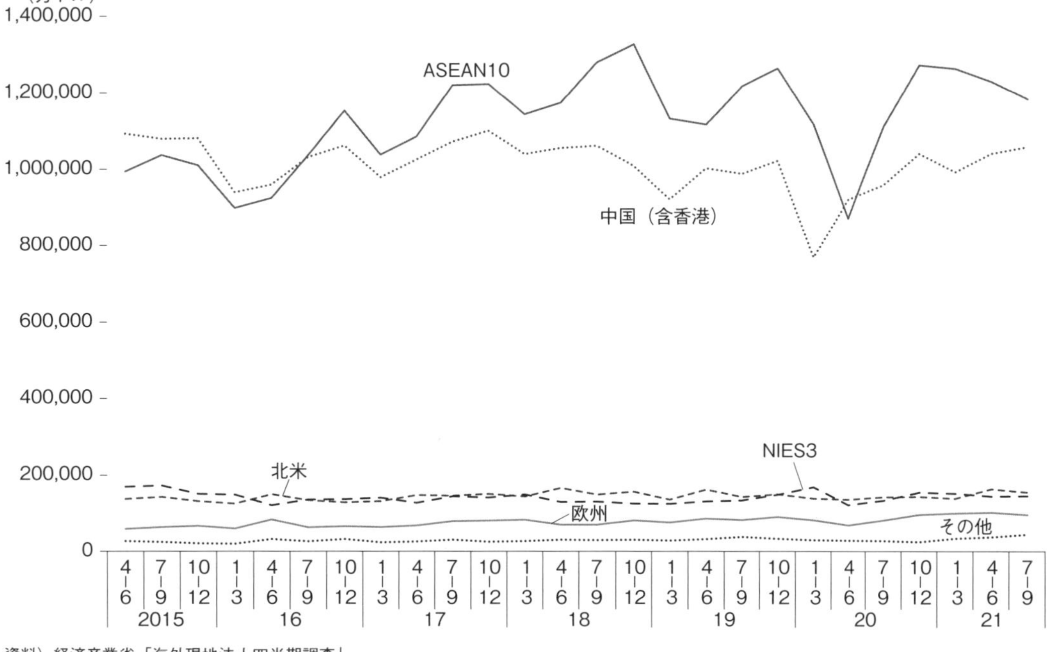

資料）経済産業省「海外現地法人四半期調査」

図表１-10　ASEAN10における新型コロナウイルス新規感染者数

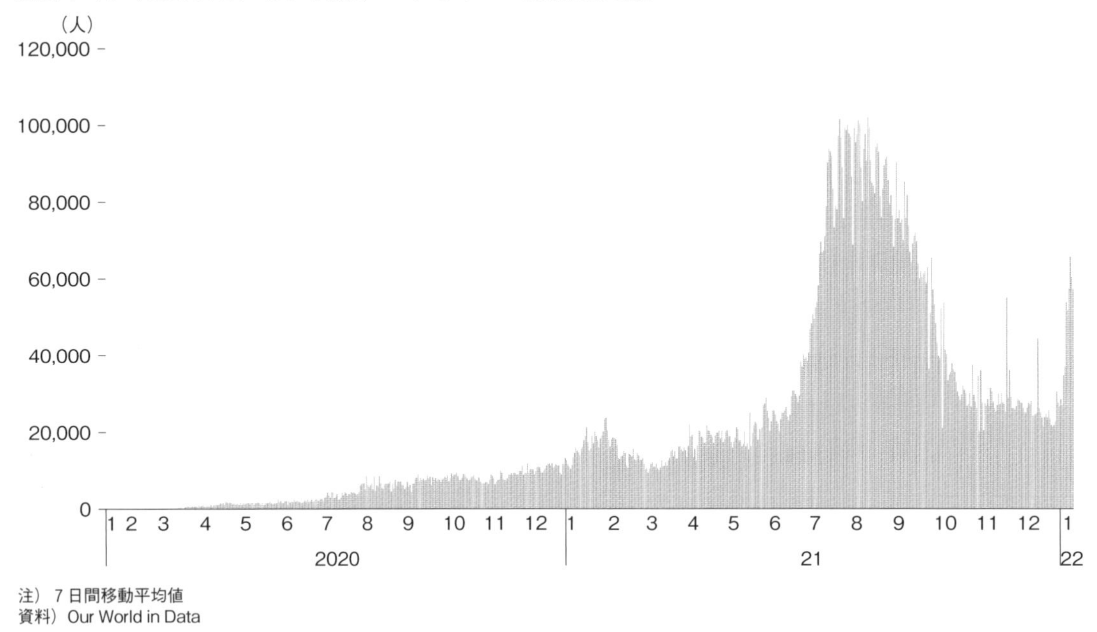

注）７日間移動平均値
資料）Our World in Data

第三次産業の活動は二極化

多様な産業からなる第三次産業は、業種によって好不調の差が大きく、二極化傾向を示している。

図表１-11は、2013年１月から2021年９月にかけての165業種の第三次産業活動指数の動きの類似度により８つにグルーピングした結果であるが、コロナ禍における新しい生活様式下でのサービスへの需要の変化が明確に表れている。

コロナ禍において急激に需要が増え、サービス生産活動が活発化した業種は、図表１-11のクラスター７、次いでクラスター５であるが、この両グループを併せても165業種のうち13業種のみと、少数の業種に限られる。「巣ごもり」需要を反映しゲームやインターネット関連の業種が多くを占め、その他、宅配や販売信用業務などネット通販に関連する業種がこのグループに属する。また、競艇場や競馬場がこのグループに属しているが、これはコロナ禍にあっても無観客もしくは入場を制限しつつ競技が開催され動画配信でレースを観ることができ、オンラインでの投票が可能なことから、ネット通販に近い購入形態となる。ネットによってサービス提供スタイルを変化させ、コロナ禍への耐性を備えた象徴的な業種であると言える。

一方、情報関連すべてがコロナ禍を追い風にしているわけではない。コロナ禍によるデジタル化・DXの動きで需要が拡大していることから、好調なのはネット関連で、当該３業種がグループ５に属している。また、ソフトウェアプロダクトやシステム等管理運営受託などの情報サービス関連も、グループ１に属し比較的安定的に推移しているが、クライアントとの密な交渉や折衝によるカスタマイズが要求される「受注ソフトウェア」は他のサービスと同様、コロナ禍によりマイナスの影響を受けている。これは現実的にコロナ禍によって企業活動が停止したことはもちろん、当該業種においても在宅勤務を余儀なくされたことに加え、需要が増えても人員確保が難しかったことが影響している可能性がある。

一方、コロナ禍で大きなマイナスの影響を受けているのは、グループ8、6であるが、いずれも観光、娯楽関連の業種で占められている。次いでマイナスが大きいグループ4は、観光レジャーや個人サービスのほか、景況悪化による経費節約の影響による広告やメディア関

図表1-11　第三次産業活動指数の業種別時系列データのクラスタリング結果（全国）

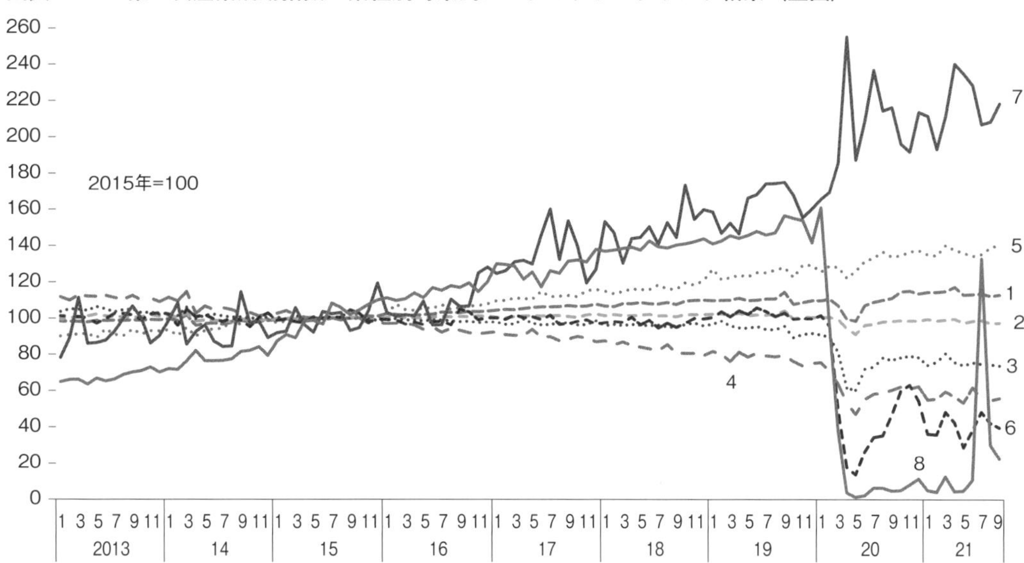

（参照資料）各グループの業種数とウエイト、該当業種

グループ	業種数	ウエイト計	該当業種
1	58	4936.9	ガス業、水道業、通信業、ソフトウェアプロダクト（除くゲームソフト）、システム等管理運営受託、その他の情報処理・提供サービス業、コンテンツ配信業務、一般貨物自動車運送業、国際航空貨物運送業、普通倉庫業、冷蔵倉庫業、こん包業、食料・飲料卸売業、電気機械器具卸売業、医薬品・化粧品等卸売業、銀行業・協同組織金融業、貸金業、金融商品取引業・商品先物取引業　発行業務、金融商品取引業・商品先物取引業　流通業務、損害保険業、医療用機械リース、工作機械リース、情報関連機器リース、その他のリース、土木・建設機械レンタル、その他のレンタル、自動車リース業、自動車レンタル業（法人向け）、法律事務所、特許事務所、公認会計士事務所・税理士事務所、建設コンサルタント、機械設計業、エンジニアリング業、環境計量証明業、機械修理業、警備業、飲食料品小売業機械器具小売業、医薬品・化粧品小売業、土地売買業、戸建住宅売買仲介、マンション売買仲介、土地売買仲介、貸事務所業、駐車場業、病院・一般診療所、歯科診療所、保健衛生、社会福祉・介護事業、ファーストフード店、その他の洗濯・理容・美容・浴場業、葬儀業、競輪場、オートレース場、ゴルフ練習場、外国語会話教室
2	33	2542.5	電気業、熱供給業、放送業、受注ソフトウェア、テレビ番組制作・配給業、鉄道貨物運送業、外航貨物、水運業内航貨物、水運業港湾運送業、道路施設提供業、郵便業（信書便事業を含む）、農畜産物・水産物卸売業、建築材料卸売業、化学製品卸売業、その他の卸売業、商業・サービス業用リース、産業機械リース、学術・開発研究機関、公証人役場・司法書士事務所、テレビ広告、他に分類されない広告、複合サービス事業、自動車整備業（事業用車両）、職業紹介・労働者派遣業、自動車小売業、燃料小売業、その他小売業、住宅賃貸業、飲食サービス業、理容業、ゴルフ場、学習塾
3	32	1593.8	ラジオ番組制作業、新聞業、書籍、鉄道旅客運送業（JR）、鉄道旅客運送業（JRを除く）、バス業、各種商品卸売業、繊維品卸売業、鉱物・金属材料卸売業、産業機械器具卸売業、自動車卸売業、その他の機械器具卸売業、消費者金融業務（クレジットカード業）、生命保険業、その他の事務用機械リース、自動車レンタル業（個人向け）、ラジオ広告、交通広告、屋外広告、測量地質調査、各種商品小売業、織物・衣服・身の回り品小売業、マンション分譲業、住居賃貸仲介、食堂・レストラン・専門店喫茶店、美容業、写真業、フィットネスクラブ、自動車整備業（家庭用車両）
4	20	410	ビデオ制作・配給業、レコード制作業、週刊誌、月刊誌、タクシー業、国内航空貨物運送業、衣服・身の回り品卸売業、家具・建具・じゅう器等卸売業、音楽・映像ソフトレンタル、新聞広告、雑誌広告、折込み・ダイレクトメール、パブレストラン・居酒屋、普通洗濯業、浴場業、海外旅行、結婚式場業、ボウリング場、パチンコホール
5	11	257.9	サイト運営業務、その他のインターネット附随サービス業、宅配貨物運送業、販売信用業務、情報関連機器レンタル、インターネット広告、廃棄物処理業、新築戸建住宅売買業、競馬場、ペット・クリニック
6	14	238.5	映画制作・配給業、水運旅客運送業、国際航空旅客運送業、国内航空旅客運送業、飛行場業、旅館、ホテル、リネンサプライ業、国内旅行、映画館、音楽・芸術等興行、プロスポーツ興行、遊園地・テーマパーク
7	2	18.7	ゲームソフト、競艇場
8	1	1.7	外人旅行

注1）2013.1～2021.9の第三次産業165業種の活動指数の類似性から統計学的手法により分類した結果
注2）グラフは各グループに属する各業種の指数の単純平均
資料）経済産業省「第3次産業（サービス産業）活動指数」より九経調作成

連の業種が多い。

4）雇用情勢

緩やかに減少しはじめた雇用調整助成金申請件数

コロナ禍によって外出や対人接触の抑制を強いられたことで、サービスを中心に需要が大幅に減少し多くの余剰人員を生んだが、失業率が大きく上昇することはなかった。コロナ禍において、こうした雇用のセーフティネットとなったのが、雇用調整助成金である。雇用調整助成金の申請件数は、2020年９月末をピークに減少し、2021年１月以降はほぼ横ばいで推移していたが、2021年10月より緩やかな減少傾向にある（図表１-12）。

雇用調整助成金の申請件数は潜在的な失業の動向を示す指標であるが、今後、新型コロナウイルス新規感染者数が急増し、外出抑制行動などが長期化しない限り、需要の回復に伴い、雇用は徐々に正常化に向かうものと考えられる。

図表１-12　雇用調整助成金申請件数の推移（全国）

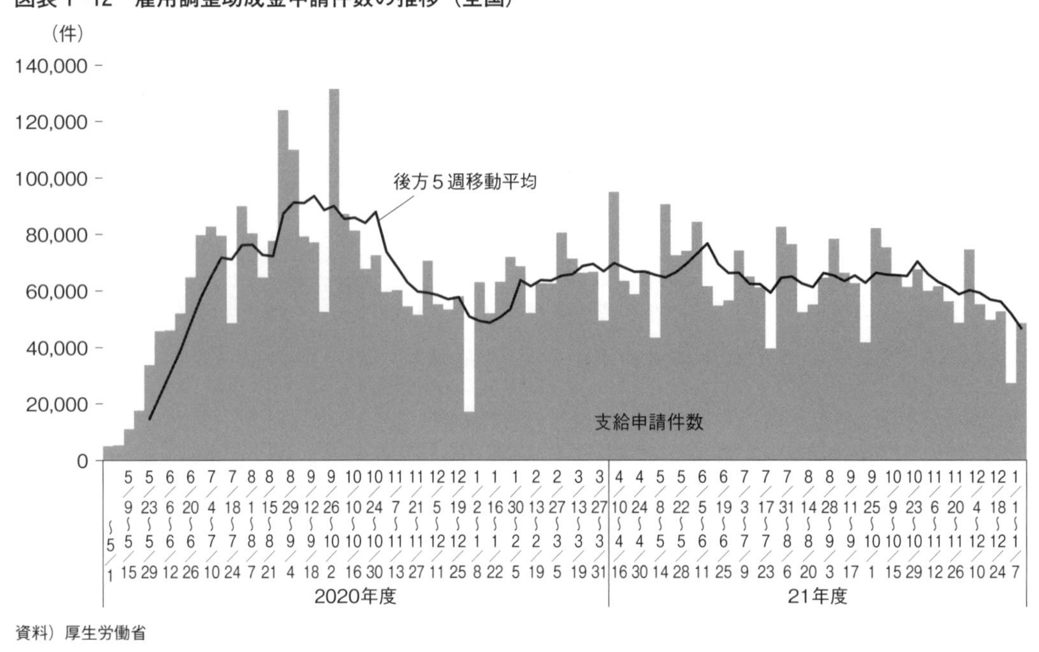

資料）厚生労働省

求人数は回復も、職業による格差が拡大

雇用調整助成金の申請件数は、「雇用を守る」状況を示す指標であるが、新型コロナウイルス新規感染者数の減少にともない、「積極的な採用」へ局面は移行していた。

図表１-13はコロナ禍前の2019年を基準に、週次で九州地域の求人数の動向を示した結果であるが、すべての職種でみると、すでに2021年初頭からコロナ禍前の水準まで回復している。

とくに求人数の増勢が著しいのはIT系専門職で、コロナ禍以降も一貫して増加が続いている。

図表１-13　求人数の動向（九州地域　2019年同週比）

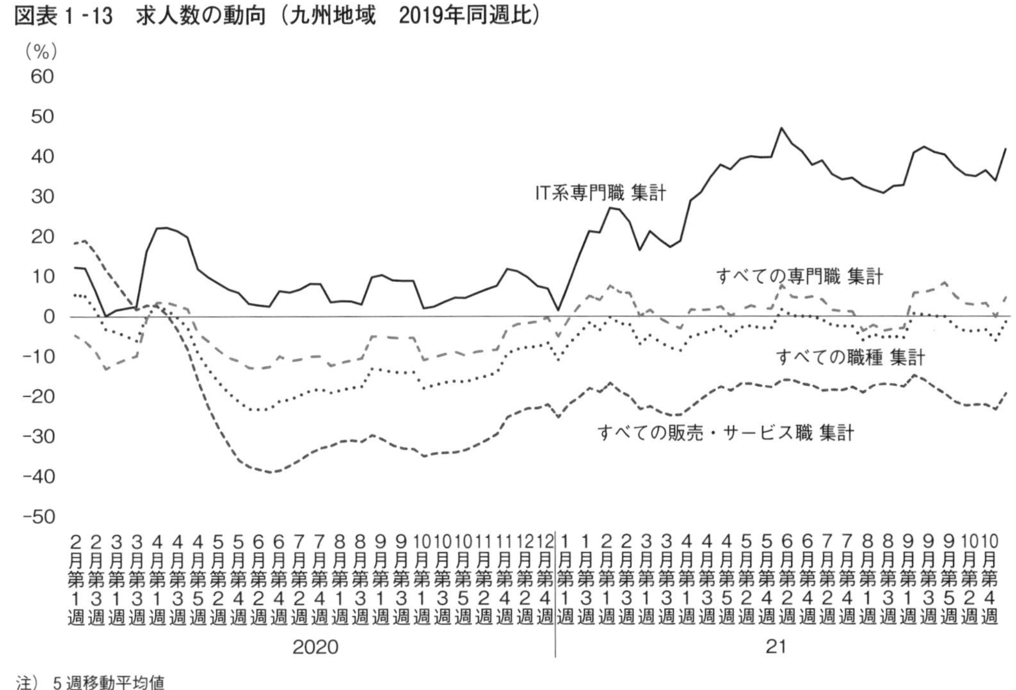

注）５週移動平均値
資料）（株）フロッグ提供データ HRog リスト for アカデミア（V-RESAS）より九経調作成

今後、コロナ禍から正常化に向かうなかで、すべての職種で求人数がさらに増加することが見込まれ、IT 人材の不足がより深刻度を増すとみられる。DX はアフターコロナにおける経済回復のカギを握るとみられることから、IT 系専門職の育成や労働市場のミスマッチの解消はより重要な課題となるであろう。

2　九州地域の企業活動の変化

本節では2021年９月～10月に実施した企業へのアンケート調査を基に、一部2021年版白書のアンケート調査（2020年９月～10月実施）と比較しながら、コロナ禍が企業活動に及ぼした影響について明らかにする。

１）コロナ禍が企業業績に与えた影響

コロナ禍による業績への悪影響は続く

コロナ禍による業績への影響について、「悪い影響がある」「多少悪い影響がある」と回答した企業は全体の70.3%であった（図表１-14）。対象企業や期間の違いから単純な比較はできないが、2020年に実施したアンケート調査と比べ約１割改善したものの、今なお多くの企業で悪影響が続いているという結果となった。一方で、「良い影響がある」「多少良い影響がある」と回答した企業は12.1%と2020年調査より約１割増加し、コロナ禍における事業環境の変化を追い風とした企業も存在した。

図表１-14　コロナ禍による業績への影響

【2020年調査】

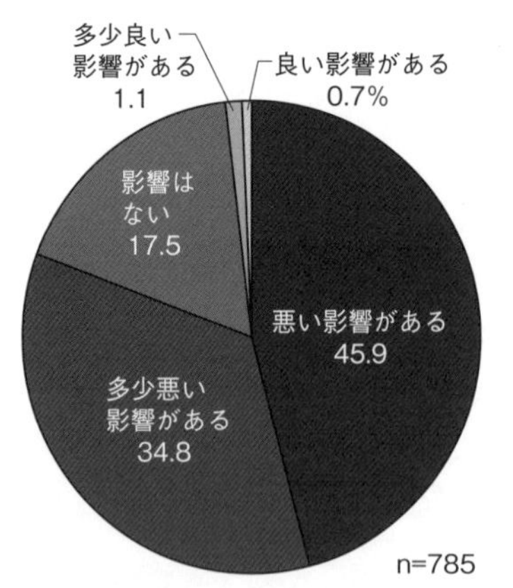

【2021年調査】

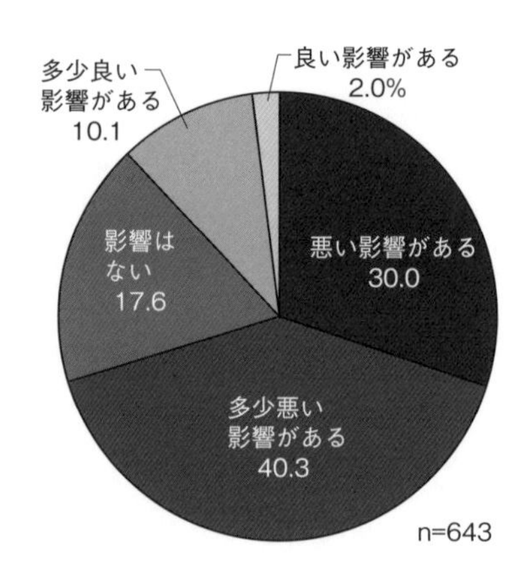

注１）特段の断り書きが無い限り、無回答を除く。以下同じ
注２）端数処理の関係で各項目の合計は100%にならない可能性がある。以下同じ
注３）2020年調査については2020年１月～６月の実績
資料）九経調「コロナ感染拡大が九州地域の企業活動に及ぼした影響に関するアンケート（2020年９月～10月実施）」
　　　九経調「コロナへの対応と脱炭素・デジタル化に関する企業戦略アンケート」。以下、「九経調アンケート」とする

業績回復時期は後ろ倒し

コロナ禍により業績に悪影響があったと回答した企業に対して、業績がコロナ禍発生前の水準へ回復する時期を尋ねたところ、「2022年内」と回答した企業が全体の43.2%と最多となった（図表１-15）。2020年調査と比較すると全体的に回復時期が後ろ倒しとなり、また「戻ることはない」と回答した企業の割合も増加した。

図表１-15　業績がコロナ禍発生前に回復すると見込んでいる（回復した）時期

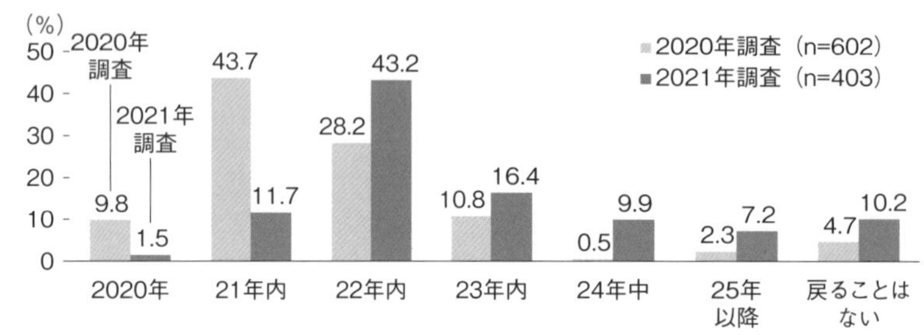

資料）九経調アンケート

業績回復が遅れる非製造業

業績がコロナ禍発生前の水準へ回復すると見込んでいる時期について、全体を製造業と非製造業の２区分でみると、非製造業のほうが製造業に比べ回復時期がやや遅い傾向となった（図表１-16）。

図表１-16　業績がコロナ禍発生前に回復すると見込んでいる（回復した）時期（製造業、非製造業別）

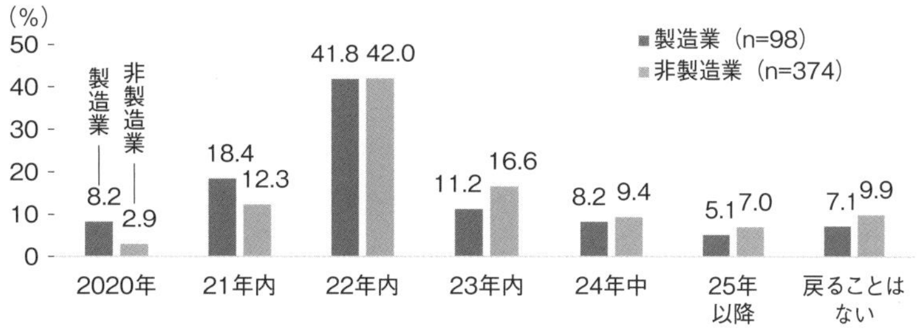

(%)

	2020年	21年内	22年内	23年内	24年中	25年以降	戻ることはない
製造業（n=98）	8.2	18.4	41.8	11.2	8.2	5.1	7.1
非製造業（n=374）	2.9	12.3	42.0	16.6	9.4	7.0	9.9

資料）九経調アンケート

2020年度は過半数の企業が減収、2021年度も重い回復の足どり

コロナ禍発生前の2019年度、コロナ禍発生以降の2020年度、2021年度の企業の売上高（2021年度は売上高見込）の対前年比増減について、2020年度は29.5%の企業が対前年比増収となった一方、半数以上の55.5%の企業が対前年比減収となった。2021年度については、対前年比増収を見込む企業は35.8%と、対前年比減収を見込む企業（31.8%）をわずかに上回ったが、過半数の企業が減収となった翌年の結果であり、回復の足どりは重い（図表１-17）。

図表１-17　売上高の対前年比の推移

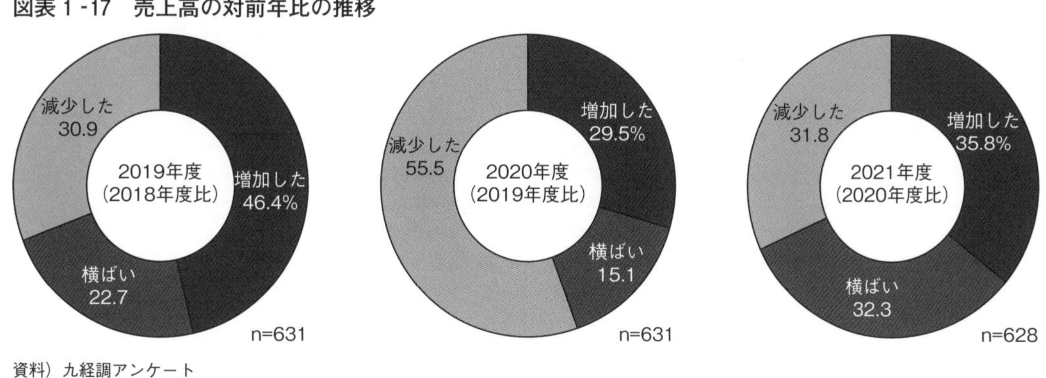

資料）九経調アンケート

コロナ禍においても約２割の企業が増収を達成

アンケート回答企業における2020年度と2021年度の２年度分の対前年比売上高（見込み含む）の推移から、売上増加企業、売上増加から減少企業、売上横ばい企業、売上持ち直し企業、売上減少企業の５タイプに分類した結果、以下のような結果となった（図表１-18）。

図表１-18　売上高の対前年比推移ごとにみた企業タイプの分類と構成比

コロナ禍での売上の推移（増加↑、横ばい→、減少↓）

	2020年度	2021年度見込	企業数
売上増加企業	↑	↑	73
	↑	→	54
	→	↑	17
売上増加から減少企業	↑	↓	59
売上横ばい企業	→	→	53
売上持ち直し企業	↓	↑	134
売上減少企業	→	↓	23
	↓	→	96
	↓	↓	118

資料）九経調アンケート

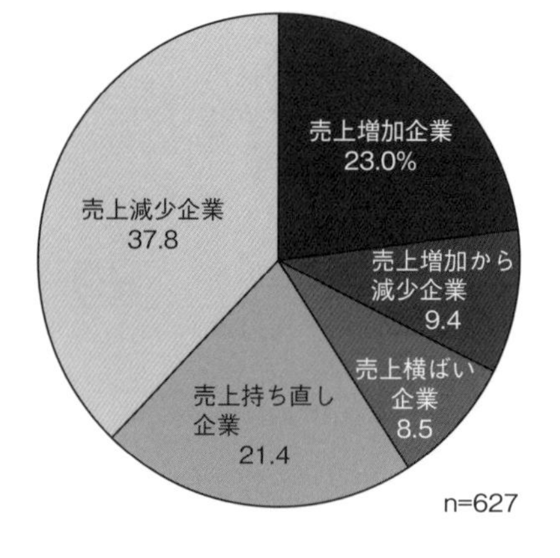

2）コロナ禍を契機とした企業活動

コロナ禍を契機として在宅勤務・フレックス等の導入が進行

コロナ禍を契機とした企業の取り組みについてみると、「在宅勤務・フレックス等の導入」が46.0%と最多であり、次いで「販売先の多角化・販路開拓」（29.0%）、「新製品・サービスの開発・提供」（25.9%）、「BCP 策定・災害対策」（21.5%）となった（図表１-19）。

図表１-19　コロナ禍を契機とした取り組み

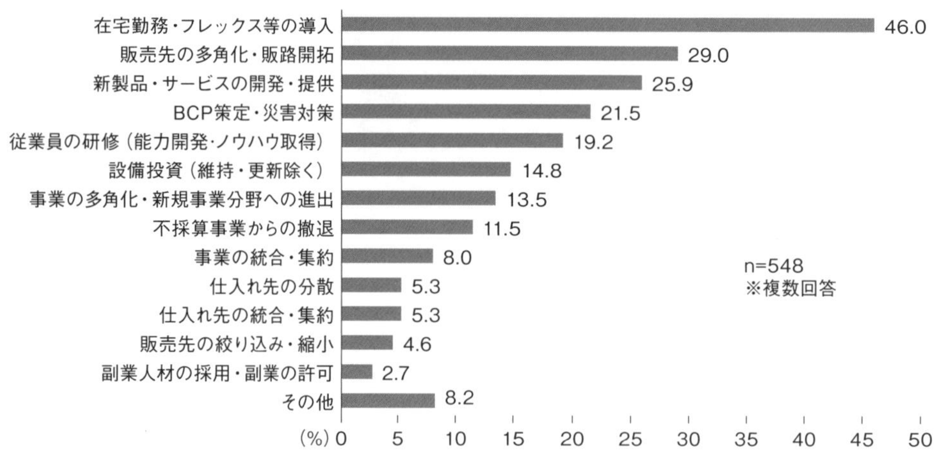

資料）九経調アンケート

コロナ禍での業績に貢献した販路の多角化と新製品・サービス開発

コロナ禍を契機とした取り組みのうち業績の拡大・維持・回復に貢献したものについては、「販売先の多角化・販路開拓」が22.3%と最多であり、次いで「新製品・サービスの開発・提供」（16.6%）、「事業の多角化・新規事業分野への進出」（8.4%）、「設備投資（維持・更新除く）」（8.2%）となった（図表１-20）。

図表1-20　コロナ禍を契機とした取り組みのうち業績の拡大・維持・回復に貢献したもの

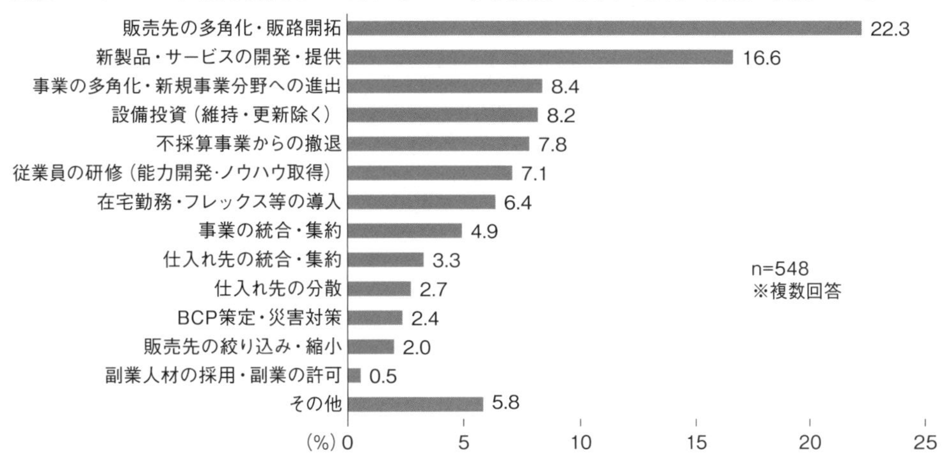

注）図表1-19の設問に回答した企業のうち「貢献したものはない」などの理由から図表1-20の設問に無回答であった企業の割合（34.9%）は掲載していない
資料）九経調アンケート

売上増加企業は新製品・サービス開発、売上持ち直し企業は販路多角化に活路

売上増加企業の取り組みについてみると、「新製品・サービスの開発・提供」（26.7%）などが全体と比較して高かった（図表1-21）。また、業績に貢献した取り組みでみても、「新製品・サービスの開発・提供」（19.0%）「設備投資（維持・更新除く）」（11.2%）などが全体と比較して高かった（図表1-22）。

一方で、売上持ち直し企業の取り組みについてみると、「販売先の多角化・販路開拓」が

図表1-21　コロナ禍を契機とした取り組み（売上増加企業・売上持ち直し企業・売上減少企業別）

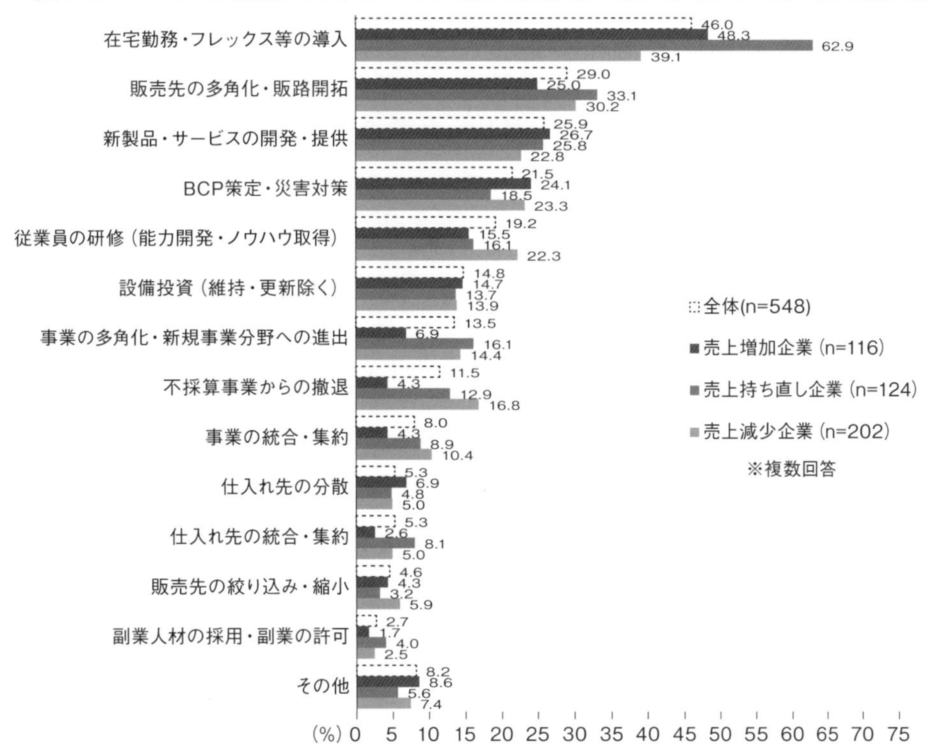

資料）九経調アンケート

図表１-22　コロナ禍を契機とした取り組みのうち業績の拡大・維持・回復に貢献したもの
（売上増加企業・売上持ち直し企業・売上減少企業別）

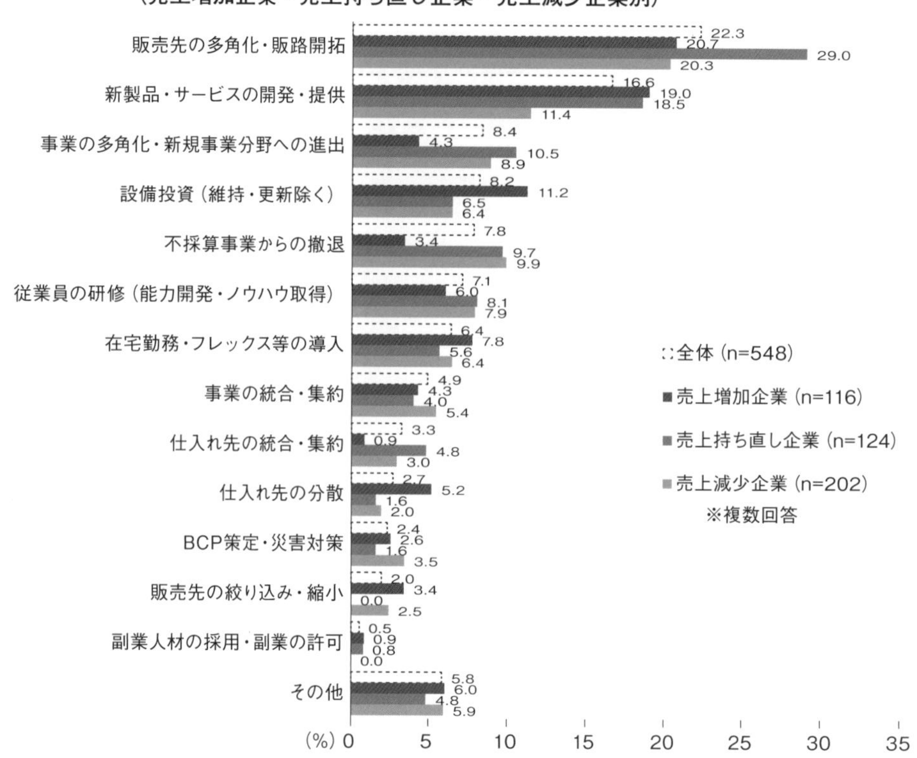

注）図表１-21の設問に回答した企業のうち、「貢献したものはない」などの理由から図表１-22の設問に無回答であった企業の割合（売上増が企業32.8%、売上持ち直し企業30.6%、売上減少企業40.6%）は図表に掲載していない
資料）九経調アンケート

33.1%と、全体と比較して高く、業績に貢献した取り組みでは、その差はさらに拡大している（図表１-21）（図表１-22）。売上持ち直し企業は、コロナ禍で一旦業績が落ちる中、既存の製品・サービスの販売先の拡大に成功した企業が多い傾向がみられる。

３）アフターコロナで意識される外部環境と企業活動

「国内・域内市場縮小への対応」を課題として意識する企業が最多

将来のアフターコロナの局面において企業が意識している課題・問題・リスクについてみると、「国内・域内市場縮小への対応」が50.4%と最多であり、次いで「災害／感染症リスク等の事業継続対策」が45.3%と続いている（図表１-23）。また、「情報／データ（主導型）社会への対応」（34.5%）、「地域経済・社会への貢献」（33.4%）、「脱炭素への対応」（28.4%）など、近年経営戦略として注目されているデジタル化・DXや、新たなビジネス分野となり得るSDGsや脱炭素に関連する回答が続いた。

図表１-23　アフターコロナの局面で意識している課題・問題・リスク

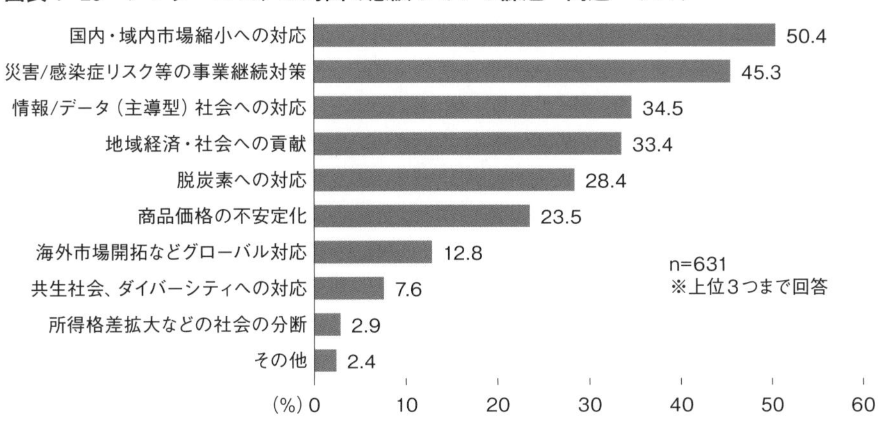

資料）九経調アンケート

アフターコロナの企業戦略では「脱炭素」や「デジタル化」が重視

アフターコロナの企業戦略として企業が特に重視していること（自由回答）について、テキストマイニングを用いて解析した共起ネットワーク図が図表１-24である。この共起ネットワーク図では、単語の登場回数が多いほど円が大きく表現され、単語を結ぶ線は文中で合わさって用いられていることを示している。また、結びつきが強い単語同士は色の濃淡でグルーピングされている。アフターコロナでの企業戦略としては、「DX の推進」や「データに基づく経営」「企業のデジタル化」などデジタル化・DX に関する回答や、「脱炭素社会での新規事業」「地域に密着し既存顧客を確保」などの脱炭素社会や地域社会への貢献の視点

図表１-24　アフターコロナの企業戦略についての自由回答共起ネットワーク図

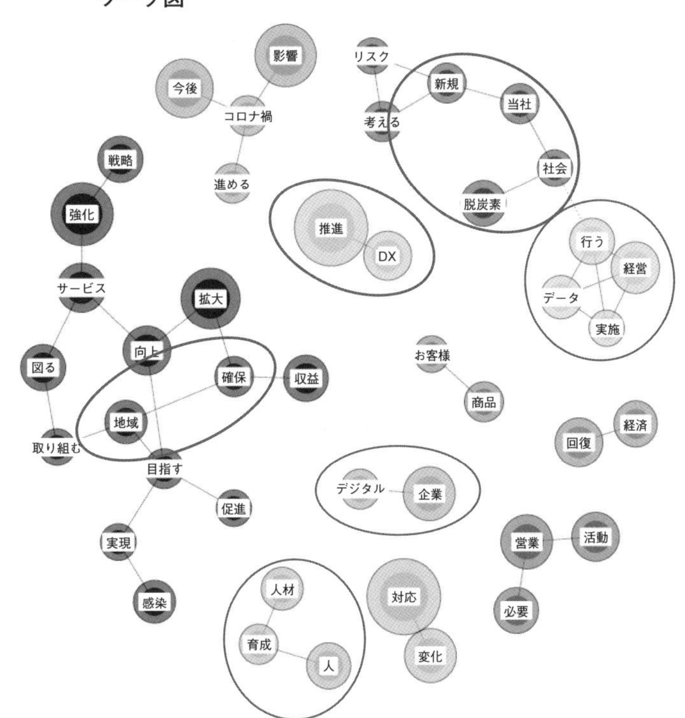

注）計量テキスト分析ソフトウェア「KH Coder」から共起関係係数0.2以上の単語を抽出
資料）九経調アンケート

をふまえた回答がみられた。他にも、「時代の変化に対応できる人材の育成」など人材育成についての回答もみられた。

第2章

マーケット拡大に対応する脱炭素ビジネス戦略

1990年代から始まった世界各国での地球温暖化防止に向けた温室効果ガスの削減の動きについては、2019年の欧州グリーンディール[1]において2050年のカーボンニュートラルの達成が目標とされた。加えて、世界各国はコロナ禍による急速な景気低迷を警戒し、環境関連ビジネス（脱炭素ビジネス）による経済成長を狙った財政出動を実施した。結果、多くの資金が環境関連投資へ流入することとなった。わが国でも、2020年10月に菅前総理が所信表明演説で2050年までにカーボンニュートラルの実現を目指す宣言をして、2021年４月に2030年に向けた温室効果ガスの削減目標を表明したことにより、政府や企業による脱炭素への取り組みの加速が予想される。そのことで、取り組みを支援する脱炭素ビジネスの加速も予想される。

本章では、データの整理とアンケート調査結果を中心に、九州地域における脱炭素ビジネスの取り組み状況の分析を通して、今後の課題についてまとめる。

1 わが国の脱炭素に向けた動き

１）世界的なカーボンニュートラルへの取り組み

カーボンニュートラル（脱炭素戦略）とは

カーボンニュートラルという用語は、一般的には、地球の気温上昇を抑制するために「温室効果ガスの排出を全体としてゼロにする」（環境省 Web サイト「脱炭素ポータル」）ことである。「排出を全体としてゼロ」は、二酸化炭素（以下、CO_2とする）をはじめとする温室効果ガスの「排出量」から、植林、森林管理などによる「吸収量」を差し引いて、合計を実質的にゼロにすることを意味する。化石燃料を燃やすと、そこに含まれる炭素が酸素と結合して温室効果ガスの１つであるCO_2となり、大気中のCO_2濃度が上昇する。これに対して、植物を育てると、植物は大気中のCO_2を吸収することで成長するため、大気中のCO_2の濃度は下がる。CO_2の大気中への排出をプラス、大気からのCO_2の吸収をマイナスとし

[1] 2019年12月に EU の執行機関である欧州委員会が発表した気候変動対策。2019年から2024年までにわたって取り組む６つの優先課題の１つとして位置づけられている

図表２-１　日本の年平均気温偏差

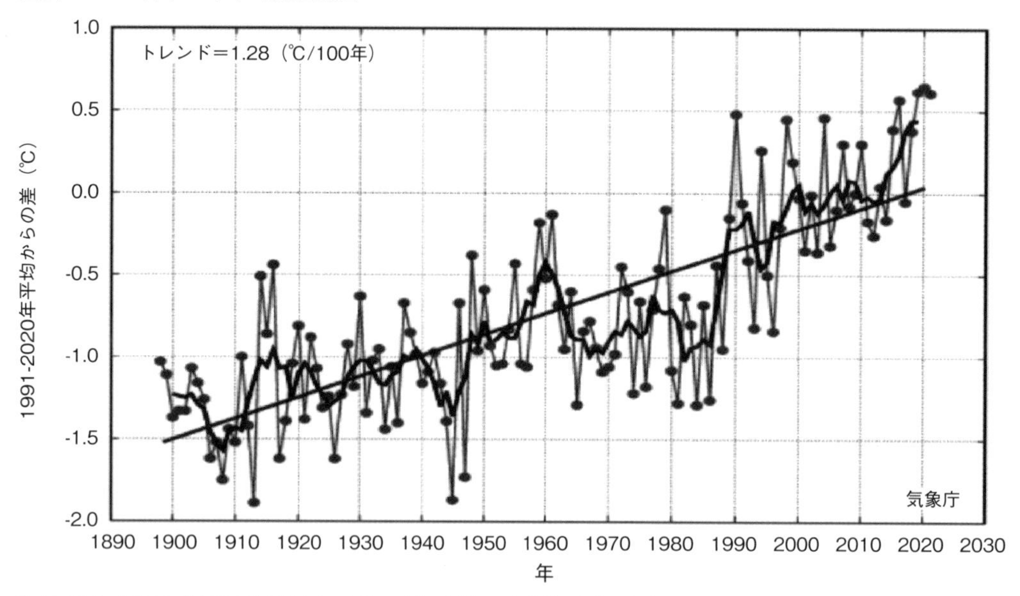

注１）細線：各年の平均気温の基準値からの偏差、太線：偏差の５年移動平均値、直線：長期変化傾向
注２）基準値は1991～2020年の30年平均値
資料）気象庁 Web サイト

て、プラスをマイナスで相殺できれば、プラスマイナスがゼロ、つまりニュートラルとなる。

1890年頃と現在で比較すると、世界の平均気温は１℃程度、日本は1.5℃程度すでに上昇している（図表２-１）。気温上昇は、人々の経済活動に伴う温室効果ガス排出によりもたらされたが、気温の上昇により豪雨や猛暑といったさまざまな気候変動が発生しているとされている。

コロナ禍からの回復手段としてのグリーン投資

温室効果ガスの抑制は、コロナ禍の発生とは関係なく、1990年代から世界レベルで議論・対策が進められてきた。2019年の欧州グリーンディールは、その象徴的な例である。しかし、2020年のコロナ禍による世界的な経済活動の停滞により、温室効果ガスの抑制、つまり脱炭素をめぐる状況は一変した。脱炭素は、これまでの気候変動対策を進める手段に加えて、経済活動の停滞を打破する「脱炭素ビジネス」という経済成長の手段としても位置づけられる

図表２-２　世界各国でのグリーン投資

	目標	対策
日本	2050年のカーボンニュートラル	２兆円のグリーンイノベーション基金の創設
米国	2050年のカーボンニュートラル	今後４年間で EV の普及や建築のグリーン化、エネルギー技術開発などに200兆円投資
EU	2050年のカーボンニュートラル	10年間で約131兆円の投資を実現
イギリス	2050年のカーボンニュートラル	2030年までに政府支出で1.7兆円、民間投資で5.8兆円をグリーン分野に投資
ドイツ	（EU と同じ）	先端技術支援に対する６兆円の予算のうち、グリーン技術開発に約１兆円、水素関連技術に約0.8兆円など
フランス	（EU と同じ）	２年間でクリーンエネルギーやエコ対策に3.6兆円。うちグリーン技術開発（水素、バイオなど）に約１兆円
中国	2060年のカーボンニュートラル	重点産業分野の省エネ炭素排出削減改修、工業団地のエネルギー使用最適化などに約414億円（23億元）
韓国	2050年のカーボンニュートラル	５年間で再エネ拡大、EV 普及等グリーン分野に政府支出約3.8兆円

資料）経済産業省 Web サイト、週刊ダイヤモンド2021年２／20号、日本経済新聞、JETROWeb サイト、日本総研 Web サイトなどにより九経調作成

ようになったのである。

2020年以降、世界各国で脱炭素にむけた目標が設定され、実現に向けて巨額の予算が計上された（図表２-２）。米国は、2050年に温室効果ガスの排出ネットゼロを目標とした上で、政府の予算200兆円を準備している。イギリスも米国と同じく2050年までのカーボンニュートラルを目標とし、2030年までに政府支出で1.7兆円を準備し、洋上風力、水素などのグリーン分野を対象とした投資を実施する。経済成長優先としてきた中国も、2060年のカーボンニュートラルの実現を宣言し、脱炭素技術の産業育成に注力する。

２）2050年に向けた目標と投資家の動き

2030年までの短期的目標

わが国でも、脱炭素にむけた目標設定と予算の計上が、急ピッチで進んだ。第二次安倍内閣時代のわが国の脱炭素にむけた目標は、2030年度までに温室効果ガスの排出量を2013年度比で26%削減する、というものだった。それが、2020年10月の内閣発足時の菅総理（当時）は、所信表明演説時には2050年までのカーボンニュートラルの達成を、2021年４月には2030年度までに温室効果ガスの排出量を2013年度比で46%削減を目標として、50%削減の高みに向けて挑戦することを表明した。また、２兆円のグリーンイノベーション基金が創設された。

経済界も脱炭素戦略を推進

2020年12月、（一社）日本経済団体連合会（東京都千代田区）は「2050年カーボンニュートラル実現に向けて」という提言を採択した。また、2021年６月の「グリーン成長の実現に向けた緊急提言」では、グリーン成長の実現に向けて、経済界の自主的取り組みを基軸とした削減努力の追求や、産業・運輸・民生部門でのさらなる取り組みの促進、水素等の安価・安定供給、利活用拡大の加速などが示された。さらに同年11月には「カーボンニュートラル行動計画」で、サステナブルな資本主義の実現に向け、グリーントランスフォーメーションの推進を表明、経済界として脱炭素戦略を推進している。

金融機関による脱炭素社会実現への要請

世界各国政府による基金創設や投資により、脱炭素に向けた投資に対する資金供給量が急増した。しかし、政府が企業の脱炭素の取り組みを直接支援できる規模には限りがある。そこで、重要な役割を果たすのが、金融機関や投資家、ベンチャーキャピタルなどである。

そもそも最近の金融機関は、コロナ禍以前からESG投融資やSDGs対応に関心を持っていたが、コロナ禍を受けて長期的な持続可能性を重視する価値観が強まる中、持続可能性を意識した投融資を加速させる動きを見せており、投融資先に対するESGやSDGs対応への期待を高めている。加えて、金融機関自身が、グリーンローンやサステナビリティ・リンク・ローン（SLL）などの創設により、ESG対応やSDGs経営に貢献する、脱炭素への取り組みを進めている。そのため、今後は金融機関により、脱炭素の取り組みを進めない企業に対しては、投融資をしなくなる可能性がある。

脱炭素マーケット拡大による脱炭素ビジネス

こうした、世界各国やわが国の政府、経済界、金融機関の動きにより、企業は脱炭素に向き合い、具体的な行動を取らなければならない時代になりつつある。つまり、今後、脱炭素に取り組むマーケットは拡大することが予想される。ただし、企業の脱炭素への具体的な取り組みについては、省エネ推進によるエネルギー消費そのものを減らすことや、社用車をハイブリッド車やEVなどに転換するなどの行為に加えて、脱炭素に貢献する製品・サービスの導入や、自社が排出するCO_2量の計測や評価など多岐にわたり、自社単独で脱炭素を進めることは極めて難しい。そのため、脱炭素を進める企業に対して、製品・サービスを提供する「脱炭素ビジネス」の担い手が求められる。脱炭素のマーケットの拡大に伴い、脱炭素ビジネスも今後拡大することが予想される。

3）脱炭素ビジネスの主な分野

2020年10月の「2050年までのカーボンニュートラルの達成」の宣言を受けて、わが国では、経済産業省を中心に関係省庁と連携して、「2050年カーボンニュートラルに伴うグリーン成長戦略」（2020年12月、2021年6月にさらなる具体化）が策定された。この成長戦略では、産業政策・エネルギー政策の両面から、成長が期待される14の重要分野について実行計画を策定し、可能な限り具体的な見通しを示している（図表2-3）。脱炭素の目標の実現を目指す企業の前向きな挑戦を後押しするため、政策ツールも紹介されている。

図表2-3　グリーン成長戦略における重要14分野

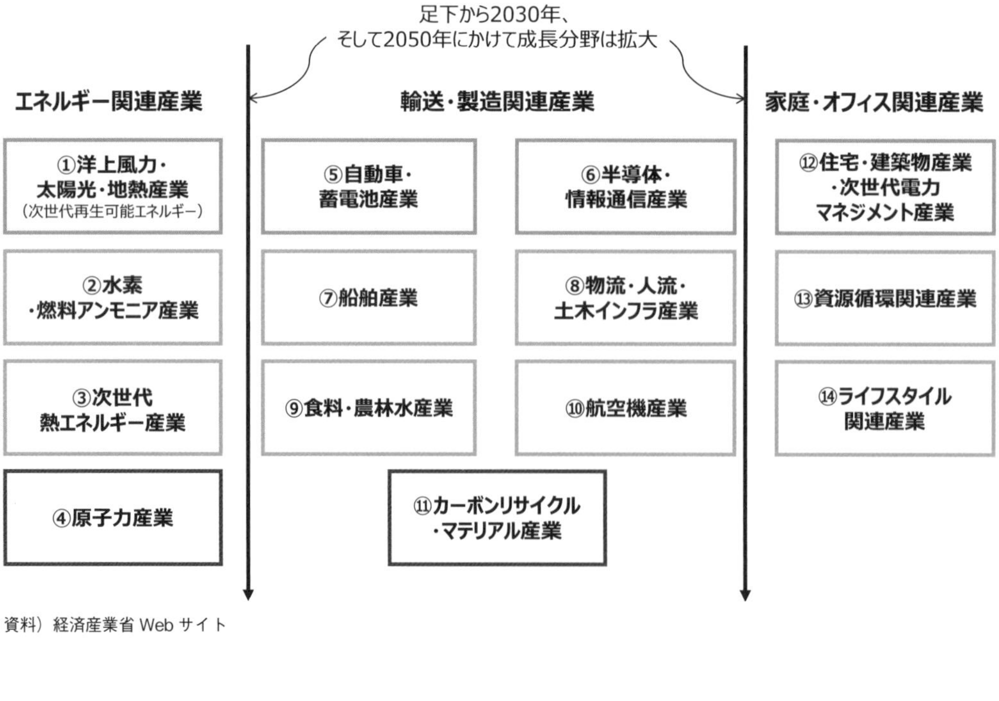

足下から2030年、
そして2050年にかけて成長分野は拡大

エネルギー関連産業
①洋上風力・太陽光・地熱産業（次世代再生可能エネルギー）
②水素・燃料アンモニア産業
③次世代熱エネルギー産業
④原子力産業

輸送・製造関連産業
⑤自動車・蓄電池産業
⑥半導体・情報通信産業
⑦船舶産業
⑧物流・人流・土木インフラ産業
⑨食料・農林水産業
⑩航空機産業
⑪カーボンリサイクル・マテリアル産業

家庭・オフィス関連産業
⑫住宅・建築物産業・次世代電力マネジメント産業
⑬資源循環関連産業
⑭ライフスタイル関連産業

資料）経済産業省Webサイト

つまり、政府が全面的に、脱炭素を目指す企業のバックアップをするということである。従って、脱炭素を進める企業に対して、脱炭素をもたらす製品やサービスを提供する脱炭素ビジネスの担い手に対するニーズと市場の急拡大が、今後期待されると言い換えることができる。

4）企業などによるエネルギー消費の動向

産業部門で過半数を占める CO_2の排出量

資源エネルギー庁「都道府県別エネルギー消費統計」などから算出し、環境省が参考値として公表している「地方公共団体実行計画（区域施策編）策定・実施マニュアル（算定手法編）」に基づいた都道府県の部門別 CO_2排出量推計値の推移をみると、2018年度の九州地域の CO_2排出量は約1億4,400万トンであり、全国（約10億2,700万トン）[2]の14%程度を占める。直近10数年間では2013年度の約1億8,300万トンをピークにして、以降減少傾向が続いているが、対全国比についてはおおむね14%台と大きな変化はない（図表2-4）。

分野別にみると、2018年度の産業部門（製造業、建設業・鉱業、農林水産業）における排出量は全体の51.0%を占め、以下、運輸部門21.4%、業務その他部門15.1%、家庭部門11.2%

図表2-4　九州地域の部門別 CO_2排出量の推移

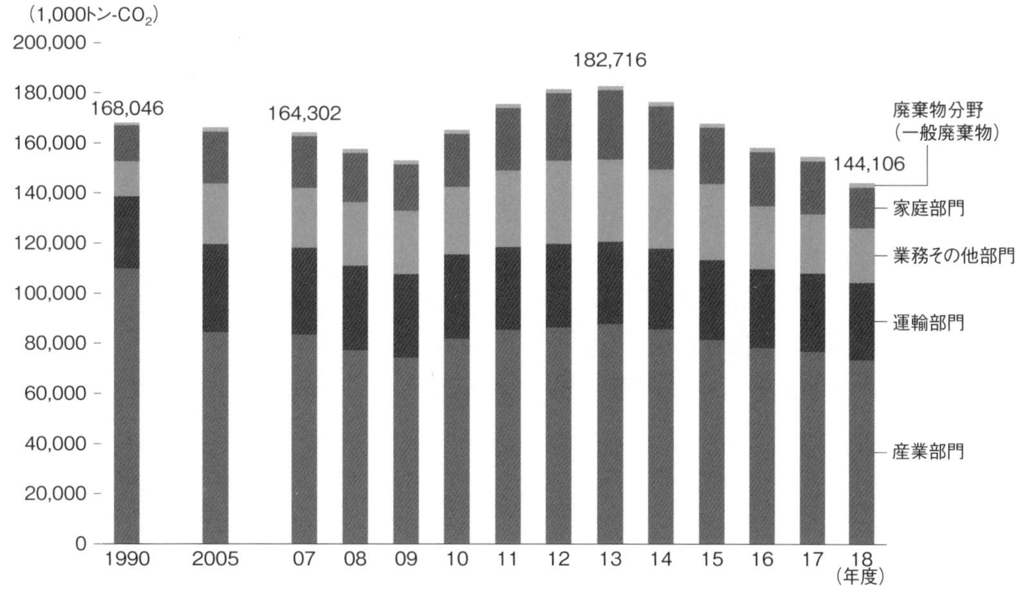

注1）炭素単位での最終エネルギー消費（エネルギー起源）を CO_2に換算した上で排出量とみなす
注2）産業部門、業務その他部門、家庭部門は資源エネルギー庁「都道府県別エネルギー消費統計」より。運輸部門は資源エネルギー庁「総合エネルギー統計」から都道府県別の自動車車種別保有台数や人口や入港船舶総トン数などから按分して環境省が推計。廃棄物分野は「一般廃棄物処理実態調査結果」から一般廃棄物焼却施設で焼却される非バイオマス起源の廃プラスチック及び合成繊維の量から按分して推計
注3）発電事業者の発電に伴う CO_2排出量と、熱供給事業者の熱発生に伴う CO_2排出量については、エネルギーを最終的に消費する需要家側で消費量に応じて配分
資料）環境省 Web サイトより九経調作成

[2] 資源エネルギー庁 Web サイトでは、日本の温室効果ガスの排出量（2018年）は合計12.4億トンであり、このうちエネルギー起源による CO_2排出量を10.6億トンとしている。本稿の10.27億トンは、都道府県別の推計値を合算したものであるため全国の数値と誤差が生じているが、都道府県別の推計値もエネルギー起源による最終エネルギー消費を CO_2換算したものである

と続いている。全国の分野別は、産業部門44.5%、運輸部門19.5%、業務その他部門18.2%、家庭部門16.3%である。九州には、鉄鋼業や化学工業、窯業・土石製品製造業（セメント）の工場が集積していることが影響していると思われる。

カーボンニュートラル実現に向けた基準年となる2013年度と比較すると、九州地域の CO_2 排出量は、既に全体では21.1%削減している。部門別では家庭部門が41.3%減、業務その他部門が33.8%減、産業部門が16.2%減、運輸部門が6.1%減、廃棄物分野が8.9%増である。

CO_2排出の削減率が高くない運輸部門

2030年ならびに2050年に向けて、CO_2排出量の構成比が最も高い産業部門でのさらなる削減が期待されるが、産業部門についてはバブル経済崩壊前の1990年度と比べると33.2%減（同期間の運輸部門7.8%増、業務その他部門54.0%増、家庭部門13.1%増、廃棄物分野83.1%増）と、すでに長期的には他部門に先行してかなりの排出量削減を進めている。他の部門についても、今後継続的な取り組みが求められる。特に、全体の2割を占めるが1990年度比でも2013年度比でも削減率が高くない運輸部門については、重要となる。各部門で CO_2排出量の削減を進めるためには、削減に資する製品やサービスを提供する脱炭素ビジネスの担い手が増加し、ビジネスを活発化させることが求められる。

CO_2排出量は多いが減少スピードは速い九州地域

九州地域のGDP（実質）当たりの CO_2 排出量の推移をみると、こちらではピークが2012年度の約3,480トンである。以下2013年度の約3,440トンを経て減少を続け、2018年度は約2,560トンとなっている。全国では、2013年度が2,310トン、2018年度は1,850トンであり、全国よりも九州地域の方がGDP当たりの CO_2 排出量は多い。ただし、基準年となる2013年度を100として現在までの減少スピードを比較すると、九州地域は全国よりも速い結果となり、GDP当たりの CO_2排出量の差は縮まっている（図表2-5）。

図表2-5　GDP当たりの CO_2排出量の推移（2013年度＝100）

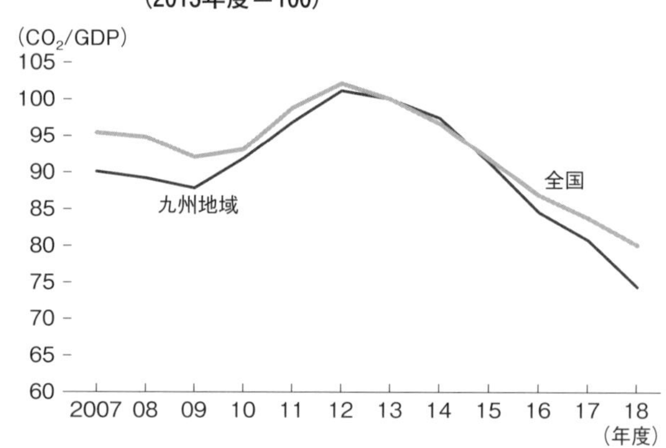

注1）CO_2は1,000トン、GDPは10億円を単位として CO_2をGDPで除して、2013年度を100とした
注2）GDPは実質
注3）GDPの基準年は全国が2015年度、九州地域が2011年度
資料）環境省「『地方公共団体実行計画（区域施策編）策定・実施マニュアル（算定手法編）』、九経調DATASALADより九経調作成

全国よりもGDP当たりの CO_2排出量が多い九州地域では、今後企業による CO_2削減がさらに求められることになるが、削減スピードが速いことから、すでに企業の脱炭素のニーズが高まっているといえる。企業の脱炭素ニーズに対応する脱炭素ビジネスについても、今後さらに活発になることが予想される。

2 九州地域での企業の脱炭素ビジネスへの参入意向

1）拡大する脱炭素ビジネスマーケット

脱炭素への取り組みは自社活動からサプライチェーンへ拡大

企業が取り組む脱炭素については、まず、自社の活動における温室効果ガスの排出を減らすというアプローチが挙げられる。例えば、節電や節水といった省エネ敢行や、建物の断熱強化による暖房で使う燃料の削減、クールビズ・ウォームビズの導入、使用する電気の非化石燃料由来の電気への切り替えなどである。これら自社での取り組みは、一般的にScope 1（燃料の燃焼など自社の企業活動による直接排出）・Scope 2（自社の電気や蒸気の使用による間接排出）と呼ばれる（図表2-6）。これらの自社での取り組み内容については、イメージがしやすいためかすでに取り組んでいる企業が多い。

しかし、国内外のカーボンニュートラルに向けた取り組みが加速する中、現在は、自社での取り組みだけではなく、製品を対象として原料調達・製造・物流・販売・廃棄までといった、サプライチェーンの上流・下流に位置する、調達先と販売先における排出量を評価する、Scope 3と呼ばれるサプライチェーン全体の排出量評価に対する関心が高まっている。その背景には、排出量削減に対する関心の高さに加えて、サプライチェーン排出量を管理することは企業活動全体を管理することにも繋がり、また、ESGやSDGsへの優先度を高めた金融機関や投資家が、企業への融資・投資の判断材料として、企業の環境経営指標を利用する動きが見られるようになったことが挙げられる。つまり、自社の脱炭素への取り組みだけでは、今後、融資・投資の制限を受ける可能性が高まっているといえる。

自社の取り組みに加えて、サプライチェーンにある取引企業に対するCO_2排出量抑制の動きは、すでに一部の国内外の企業でみられている。例えば、米国のアップル社は、2030年までにサプライチェーンと自社製品全体でカーボンニュートラルを達成するという目標を掲げており、すでに世界の175社の同社サプライヤーが再生可能エネルギーの利用に移行してCO_2排出削減を進めている（同社2021年10月のプレスリリースより）。トヨタ自動車（株）（愛知県豊田市）は、同社が直接取引する世界の主要部品メーカーに対し、2021年のCO_2排出量を前年比3％減らすように求め、サプライチェーン全体での脱炭素を進めている。

図表2-6　企業の脱炭素への取り組みの全体とその分類

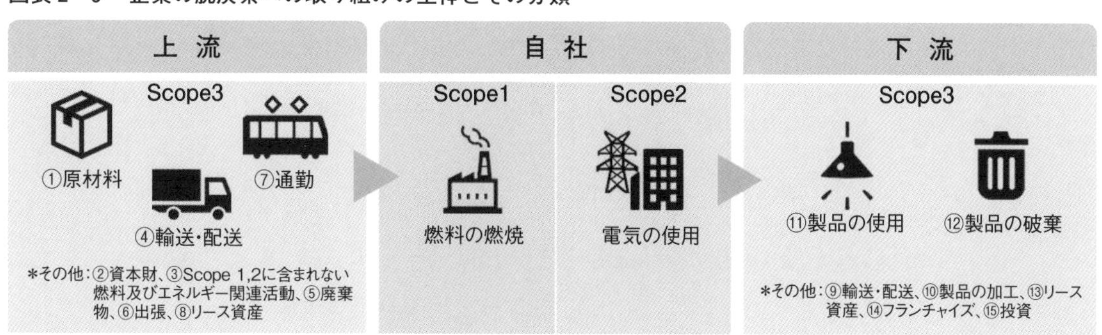

資料）環境省・経済産業省「グリーン・バリューチェーンプラットフォーム」Webサイト

なお、Scope 3のうち、企業のサプライチェーンの上流部分となる輸送・配送や通勤などの「運輸部門」については、他の分野に比べると短期的にも長期的にもCO_2の削減が進んでいないため、マクロ的にも今後の取り組みが求められる（図表2-4）。

今後の企業は規模や立地に関係なく、CO_2の排出量の削減が求められる可能性が高い。九州地域の中小企業や、「環境」に直接関係ない業務を担っている企業であっても、脱炭素への取り組みが必要となるため、そこに脱炭素ビジネスのマーケットが発生するといえる。

今後の脱炭素は電気使用やサプライチェーンの上下流にシフト

アンケート調査にて、現在と今後の脱炭素への取り組みについて聞いたところ、現在の取り組みとしては、「省エネルギー（節電、節水など）」（73.6%）と「クールビズ・ウォームビズの導入」（58.8%）の2つが突出して高い（図表2-7）。以下、「廃棄物の抑制」（33.3%）、「ハイブリッド車、電気自動車の導入」（31.6%）、「再生可能エネルギーの導入・切り替え（太陽光、風力など）」（19.5%）を含めて、これらは自社で完結する燃料・電気利用料の抑制にあたるScope 1・Scope 2の取り組みが中心である。簡単なレベルの省エネ活動や、クールビズ・ウォームビズの導入は、企業にとって比較的容易に取り組むことが可能であり、身近なところから脱炭素に取り組んでいることがうかがえる。

図表2-7　自社内での現在と今後の脱炭素への取り組み状況

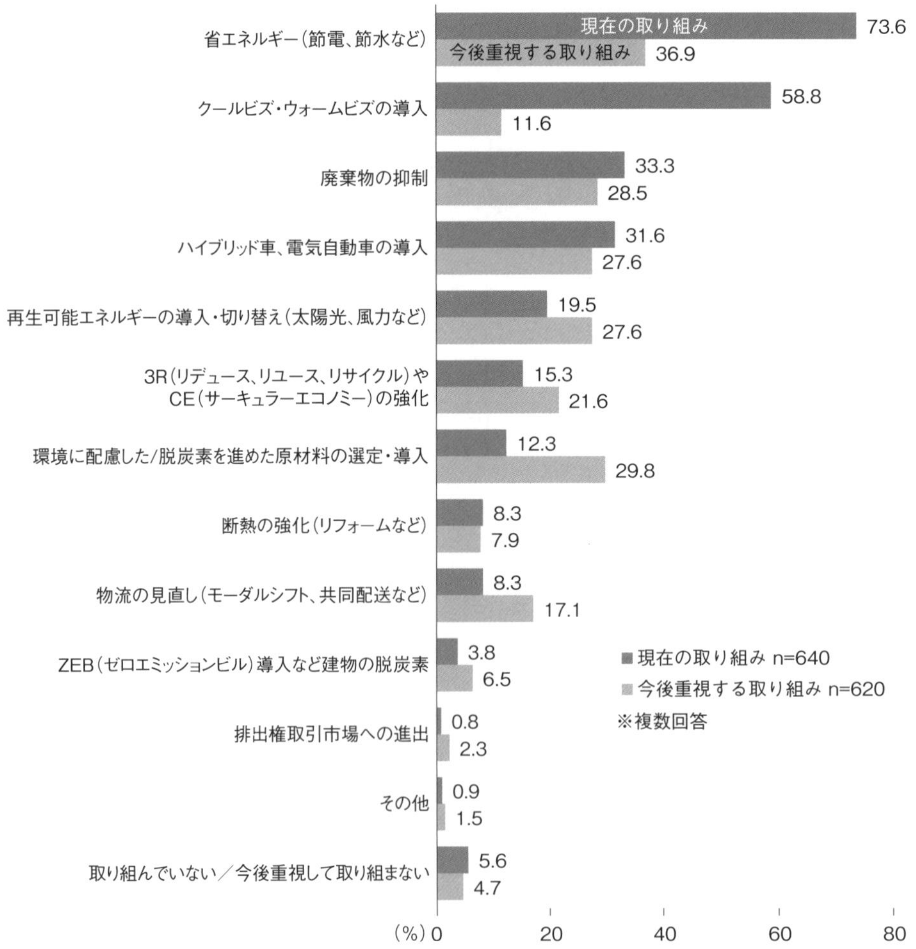

	現在の取り組み n=640	今後重視する取り組み n=620
省エネルギー（節電、節水など）	73.6	36.9
クールビズ・ウォームビズの導入	58.8	11.6
廃棄物の抑制	33.3	28.5
ハイブリッド車、電気自動車の導入	31.6	27.6
再生可能エネルギーの導入・切り替え（太陽光、風力など）	19.5	27.6
3R（リデュース、リユース、リサイクル）やCE（サーキュラーエコノミー）の強化	15.3	21.6
環境に配慮した/脱炭素を進めた原材料の選定・導入	12.3	29.8
断熱の強化（リフォームなど）	8.3	7.9
物流の見直し（モーダルシフト、共同配送など）	8.3	17.1
ZEB（ゼロエミッションビル）導入など建物の脱炭素	3.8	6.5
排出権取引市場への進出	0.8	2.3
その他	0.9	1.5
取り組んでいない／今後重視して取り組まない	5.6	4.7

（%）0　20　40　60　80

※複数回答

資料）九経調アンケート

これに対して、「現在」と比較した上で「今後重視する取り組み」の結果をみると、「クールビズ・ウォームビズの導入（47.2%pt 減）」「省エネルギー（節電、節水など）（36.7%pt 減）」は急落している。一方、「環境に配慮した／脱炭素を進めた原材料の選定・導入（17.5%pt 増）」「物流の見直し（モーダルシフト、共同配送など）（8.8%pt 増）」「３R（リデュース、リユース、リサイクル）や CE（サーキュラーエコノミー）の強化（6.3%pt 増）」は増加している。つまり、九州地域の多くの企業は、脱炭素への取り組みの力点を、自社での自助努力（Scope１・Scope２）から、サプライチェーンの上流・下流部分での取り組みへシフトしようとしていることがうかがえる。

従業員規模の大きな企業ほど脱炭素に取り組む

アンケート調査結果から、現在脱炭素に取り組んでいない企業は、全体の僅か5.6%であり、今後については4.7%と下がっている。つまり、企業の立地や規模に関係なく、九州地域のほぼ全ての企業は、何らかの脱炭素対策に取り組んでいる（図表２-８）。

その一方で、現在・今後とも、「取り組んでいない」企業は従業員規模が小さな企業ほどその割合が高い。また、具体的な取り組みについては、規模の大きな企業の方が進む傾向がみられる。今後取り組みが重視されると思われるサプライチェーンの上流・下流部分に関する取り組みをみると、現在・今後とも、おおむね従業員規模が大きな企業ほど割合が高い。しかし、規模の大きな企業であっても、今後の取り組みは20～30%にとどまる。

この結果から、CO_2排出量の評価と削減が、自社だけではなくサプライチェーン全体に及ぶ場合、従業員規模の小さな企業が、自社単独で取り組みを進めることは容易ではないことがうかがえる。このため、脱炭素に取り組む企業をサポートする脱炭素ビジネスのニーズは、今後増加することが予想される。

図表２-８　脱炭素に取り組む企業の割合（従業員規模別）　（単位：%）

従業員区分	回答者数（n）	取り組み状況（取り組んでいない／今後重視して取り組まない）		環境に配慮した／脱炭素を進めた原材料の選定・導入		物流の見直し（モーダルシフト、共同配送等）		３R や CE の強化	
	現在／今後	現在	今後	現在	今後	現在	今後	現在	今後
１～50人	144／140	8.3	7.9	11.1	26.4	4.9	13.6	12.5	15.7
51～100人	125／122	8.0	4.9	9.6	28.7	6.4	10.7	13.6	23.8
101～300人	240／231	4.2	3.9	13.3	30.7	9.6	19.5	16.7	25.5
301人以上	127／123	3.1	2.4	15.0	33.3	11.8	23.6	18.1	18.7
全体	640／620	5.6	4.7	12.3	29.8	8.3	17.1	15.3	21.6

資料）九経調アンケート

2）今後の拡大が期待される脱炭素ビジネスのプレイヤー

すでに４割の企業が脱炭素ビジネスのプレイヤー

脱炭素に取り組む企業に対して、必要な製品・サービスを提供する脱炭素ビジネスに取り組む企業については、すでにそのプレイヤーが少なからず存在し、今後急速に拡大することが予想される。アンケート調査によると、現在、九州地域で脱炭素ビジネスに取り組む企業は18.2%、取り組む予定で計画を立てる企業が22.0%。つまり、４割程度の企業が脱炭素ビジネスのプレイヤー（「取り組む」＋「計画を立てる」の合計）となっている（図表２-９）。従業員規模別にみると、従業員規模が大きな企業ほど脱炭素ビジネスのプレイヤーとなっている傾向はみられるが、極端な差はなく、従業員規模１～50人の企業であっても、現在、約35%が脱炭素ビジネスのプレイヤーである（図表２-10）。

現在から今後にかけて、脱炭素ビジネスのプレイヤーは40.2%から58.6%と急増している。今後についても、従業員規模別に極端な差はなく、従業員規模１～50人の企業も、55.1%がプレイヤーとなる予定である（図表２-11）。九州地域の企業は、国内外の温室効果ガス抑制に向けた環境変化に対応しつつあるといえる。

図表２-９　脱炭素ビジネスに取り組む現在と今後の意向

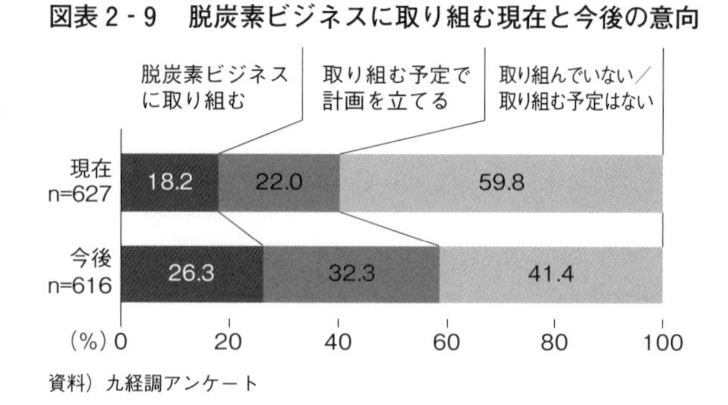

資料）九経調アンケート

図表２-10　脱炭素ビジネスに取り組む現在の意向（従業員規模別）

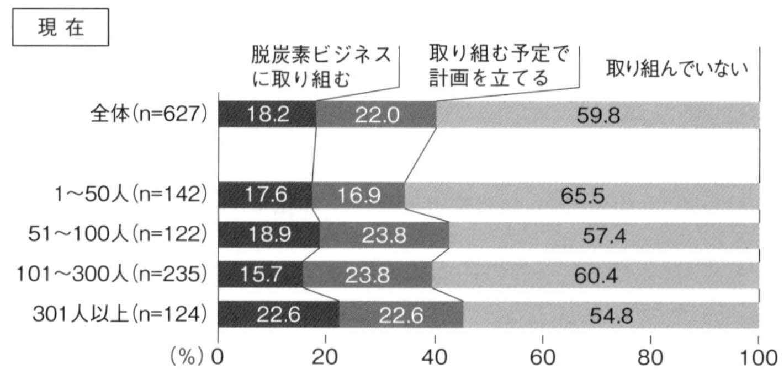

注）全体のｎは従業員数について無回答の企業分を含む
資料）九経調アンケート

図表２-11　脱炭素ビジネスに取り組む今後の意向（従業員規模別）

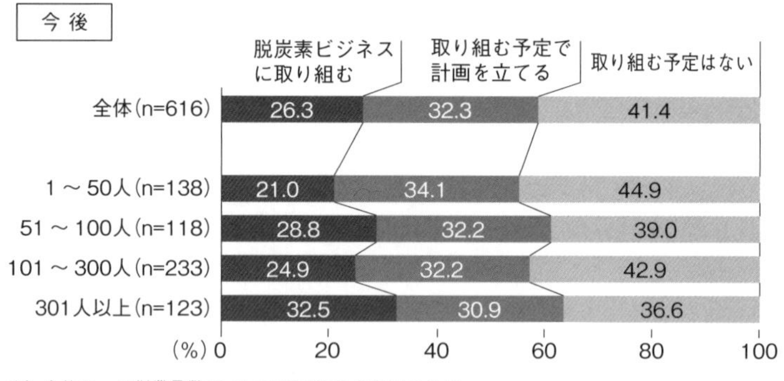

注）全体のｎは従業員数について無回答の企業分を含む
資料）九経調アンケート

アフターコロナの局面で重視される脱炭素ビジネス

脱炭素ビジネスへの今後の取り組み状況を、アフターコロナの局面で脱炭素への対応を重視する企業か否かでみた。アフターコロナにおいて「脱炭素への対応」を重視する企業は、今後、脱炭素ビジネスのプレイヤーとなる割合が78.7%と、全体よりも20.1%pt も高い（図

図表２-12　脱炭素ビジネスに取り組む今後の意向（アフターコロナで「脱炭素への対応」を課題視する企業、それ以外の企業別）

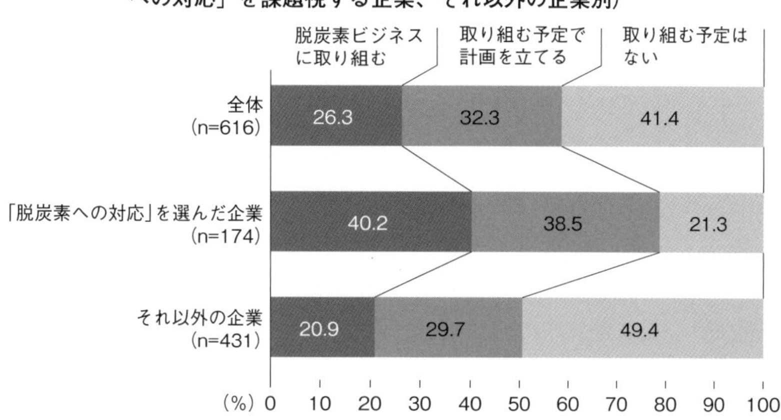

注１）図表１-23で、「脱炭素への対応」を選択した企業と選択しなかった（別の課題を選択した）企業に分けてクロス集計
注２）全体のｎは図表２-９を採用しているため、個別のｎの合計は全体のｎと一致しない
資料）九経調アンケート

表２-12)。一方、「脱炭素への対応」を重視しない企業は50.6%と、全体よりも8.0%pt 低い。

自社の脱炭素への対応を意識する・重視する企業は、今後、脱炭素ビジネスにも参入する意識が高いといえる。

脱炭素に取り組む企業増によるビジネスマーケット拡大に期待

脱炭素ビジネスのプレイヤーとなる・なった理由については、「社会的責任や社会的価値を創造する企業の増加（SDGs や ESG への対応）への期待」（64.8%）が一番多い（図表２-13)。第３位「2050年までの温室効果ガスの排出ゼロに向けた脱炭素ビジネスの市場拡大

図表２-13　今後脱炭素ビジネスに取り組む・取り組む予定とする理由（アフターコロナで「脱炭素への対応」を課題視する企業、それ以外の企業別）

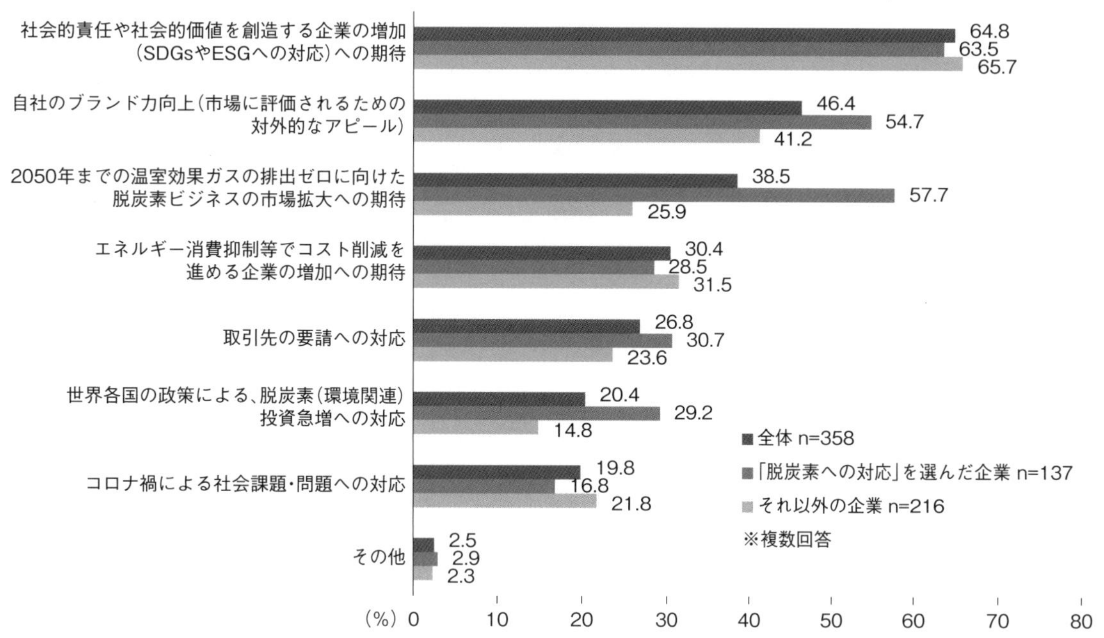

注）図表２-９の「脱炭素ビジネスに取り組む」「取り組む予定で計画を立てる」と回答した企業が対象。無回答除く
資料）九経調アンケート

への期待」（38.5%）、第4位「エネルギー消費抑制等でコスト削減を進める企業の増加への期待」（30.4%）も含めると、社会的責任や社会的価値創造の一環として脱炭素に取り組む企業の増加による、ビジネスマーケット拡大に対する期待の高さがうかがえる。

また、第1位と第2位の「自社のブランド力向上（市場に評価されるための対外的なアピール）」（46.4%）の結果からは、国内外で金融機関や投資家によるESGやSDGsへの誘導に対応するために脱炭素ビジネスに取り組むという流れが九州地域でも顕在化しているといえる。

アフターコロナの局面で脱炭素への対応を重視する企業か否かでみたところ、全体との差が最も大きい理由は、「2050年までの温室効果ガスの排出ゼロに向けた脱炭素ビジネスの市場拡大への期待」（19.2%pt増）である。ここでも、脱炭素への対応を重視する企業による脱炭素ビジネス志向の高さがうかがえる。

脱炭素ビジネスは経営主導での全社的な取り組み

脱炭素ビジネスに対する取り組み方については、「経営トップないし経営会議メンバーが主導となって取り組む」（58.9%）が最も多い（図表2-14）。脱炭素に取り組む企業の急増による脱炭素ビジネスマーケット急拡大への対応、金融機関や投資家によるSDGsやESGへの誘導への対応を進めるべく、脱炭素ビジネスに取り組むためには、部下任せや片手間ではなく、経営主導で進めることが必要と判断する企業の多さがうかがえる。

また、第2位は「新たなビジネスモデル構築を目指して取り組む」（38.6%）である。脱炭素ビジネスへの参入をきっかけに、企業の稼ぎ方を変えようとする企業も存在しているといえる。

図表2-14　今後の脱炭素ビジネスへの取り組み方

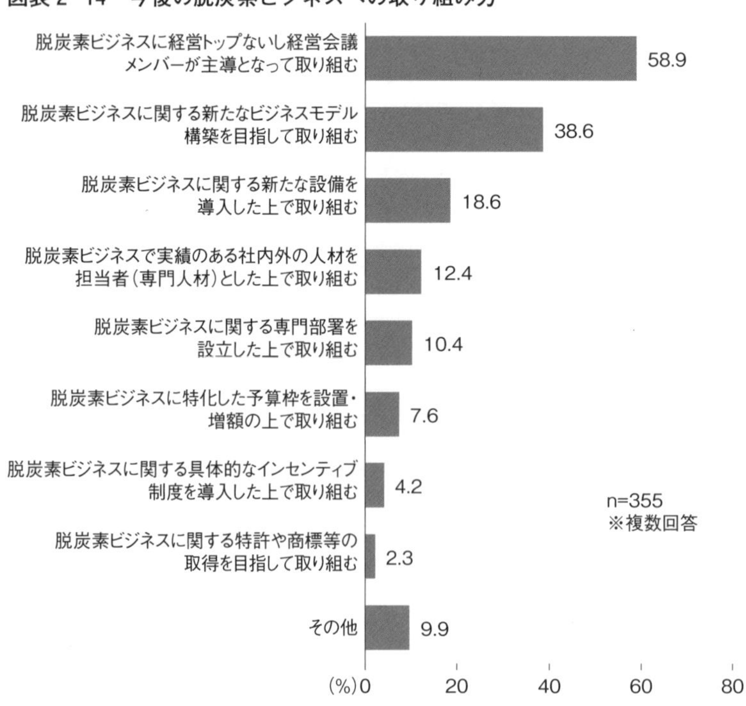

注）図表2-9の「脱炭素ビジネスに取り組む」「取り組む予定で計画を立てる」と回答した企業が対象
資料）九経調アンケート

脱炭素ビジネスへの参入が二極化する九州地域

現時点での脱炭素ビジネスの参入企業は約4割であるが、これらの企業が取り組むビジネスの内容については、4分の1以上の企業が参入するプレイヤーの多い分野と少ない分野に大別される（図表2-15）。

「企業が利用するエネルギーの脱炭素を促すビジネス（再生可能エネルギーの導入、水素エネルギーの導入、蓄電池の導入など）」（35.6%）が最も多く、以下「省エネルギーを推進するビジネス（断熱リフォーム支援、ZEB供給等導入支援など）」（31.7%）「交通や物流の脱炭素を進めるビジネス（電気自動車・水素自動車、脱炭素転換燃料の提供など）」（29.7%）「創エネルギーに関するビジネス（再生可能エネルギー由来の発電事業など）」（25.2%）と続いている。エネルギーの脱炭素や創エネルギーに関するビジネスについては、太陽光発電の導入や洋上風力発電の大量導入が計画されており、水素製造や利活用の研究や実証実験が盛んな九州地域の特徴が反映されている。

プレイヤーの少ない分野は、「温室効果ガス排出抑制（脱炭素）、回収、固定化を進める設備や素材を生産・提供するビジネス（水素還元製鉄、CO_2吸収コンクリートなど）」（8.9%）「シェアリング、リサイクル／アップサイクルに関わるプラットフォーム等システムやソフトの開発」（7.9%）「脱炭素化を進める企業に対するコンサルティングや取り組みの支援」（5.4%）「J-クレジット創出、およびその支援や活用に対する支援」（3.0%）である。

図表2-15　現在取り組んでいる脱炭素ビジネスの内容（「取り組んでいない」を除く）

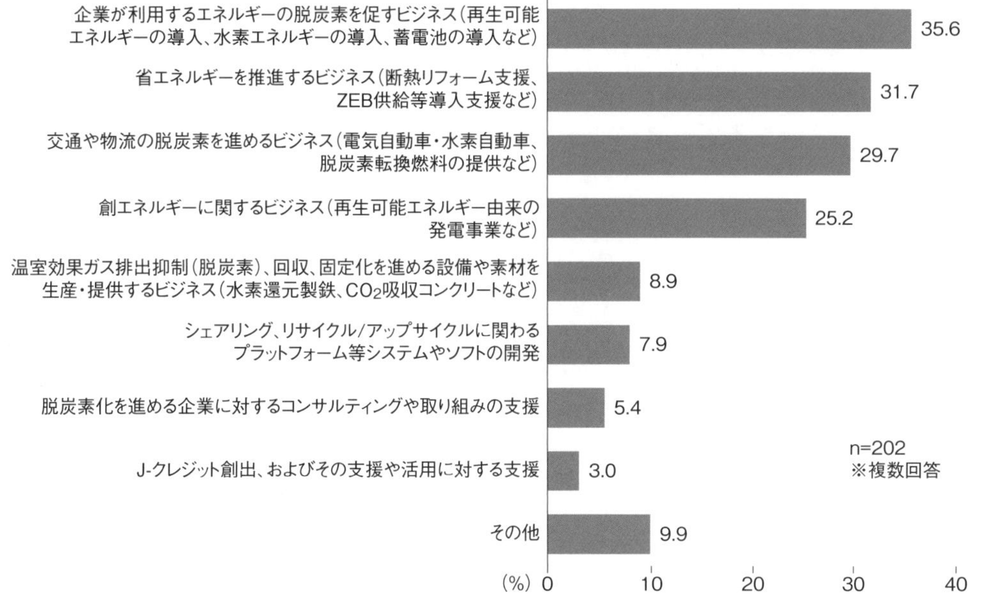

注）「脱炭素ビジネスに取り組んでいない」（全体の59.8%）の回答者を全体から除いて、%を算出
資料）九経調アンケート

3 九州地域での脱炭素ビジネスの実態

1）九州地域で期待される脱炭素ビジネス領域

本節で分析する脱炭素ビジネスの種類は、以下の通りである。次節以降、この分類に従って、各ビジネスの概要と現状、九州地域の企業の活動概要を紹介する。

エネルギーの脱炭素ビジネス・創エネルギービジネス領域

グリーン成長戦略では、①洋上風力・太陽光・地熱産業、②水素・燃料アンモニア産業、⑤自動車・蓄電池産業、⑫住宅・建築物産業・次世代電力マネジメント産業などが該当する。また、本アンケートでの「現在取り組んでいる脱炭素ビジネスの内容」における回答数第1位と4位に該当する。太陽光発電や風力発電など、九州で取り組みが進むビジネスが多く該当し、九州では、最もポピュラーな脱炭素ビジネスといえる。

省エネルギーを推進するビジネス領域（企業活動や生活環境の省エネ支援）

グリーン成長戦略では、⑥半導体・情報通信産業、⑫住宅・建築物産業・次世代電力マネジメント産業などが該当する。本アンケートにおける回答数第2位のビジネスでもある。企業活動や生活環境の省エネ支援であり、具体的には住宅・建築物産業におけるZEB[3]（Net Zero Energy Building）やZEH[4]（Net Zero Energy House）の普及など、地域に関係なく取り組みが必要となるビジネスである。

交通や物流の脱炭素を進めるビジネス領域

グリーン成長戦略では⑤自動車・蓄電池産業、⑦船舶産業、⑧物流・人流・土木インフラ産業が該当する。本アンケートにおける回答数第3位のビジネスでもある。自動車など輸送用機器の電化が該当する。前述の通り、運輸部門におけるCO_2の排出量は削減があまり進んでいないため、今後重視されるビジネスである。

シェアリングやコンサルティング、クレジット関係などによるビジネス領域

グリーン成長戦略では位置づけられておらず、また本アンケートにおける回答数は6・

---

[3] ZEB：50％以上の省エネルギーを図った上で、再生可能エネルギーなどの導入により、エネルギー消費量を更に削減した建築物について、その削減量に応じて、①ZEB（基準一次エネルギー消費量から50％以上の削減（再生可能エネルギーを除く）かつ基準一次エネルギー消費量から100％以上の削減（再生可能エネルギーを含む））、②Nearly ZEB（基準一次エネルギー消費量から50％以上の削減（再生可能エネルギーを除く）かつ基準一次エネルギー消費量から75％以上100％未満の削減（再生可能エネルギーを含む））、③ZEB Ready（再生可能エネルギーを除き、基準一次エネルギー消費量から50％以上の一次エネルギー消費量削減）と定義しており、また、30～40％以上の省エネルギーを図り、かつ、省エネルギー効果が期待されているものの、建築物省エネ法に基づく省エネルギー計算プログラムにおいて現時点で評価されていない技術を導入している建築物のうち1万㎡以上のものを④ZEB Orientedと定義

[4] ZEH：外皮の断熱性能等を大幅に向上させるとともに、高効率な設備システムの導入により、室内環境の質を維持しつつ大幅な省エネルギーを実現した上で、再生可能エネルギーを導入することにより、年間の一次エネルギー消費量の収支がゼロとすることを目指した住宅

7・8位である。ただし、企業が脱炭素に取り組む際のCO_2排出量の把握や管理、排出権取引などへの関与や、どのように脱炭素を進めれば良いのか分からない企業に対する支援を伴うビジネスであるため、今後、確実に市場が拡大する領域であるといえる。

2）エネルギーの脱炭素ビジネス・創エネルギービジネス領域

①太陽光発電によるビジネス

普及が進む太陽光発電を軸としたビジネス群

九州にとって、馴染みのある脱炭素ビジネスの1つが、企業が利用するエネルギーの脱炭素を促すビジネスや、再生可能エネルギーを活用した発電事業である。中でも、太陽光発電システムによる発電事業は最もポピュラーなビジネスである。2009年11月の住宅用太陽光発電に関する余剰電力買取制度[5]、2012年7月の固定価格買取制度（FIT 制度）[6]の導入以降、全国的に太陽光発電が爆発的に普及した。中でも九州は、恵まれた日照時間の長さや利用可能な遊休地の多さから、整備が進んだ。九州地域は「1割経済」でありながら、システム導入容量は全国比19.4%と高く、発電ビジネスを手がける事業者が多い(図表2-16)。事業者は三大都市圏の企業に加えて、芝浦グループホールディングス（株）（北九州市小倉南区）や、やまとソーラープラント（株）（霧島市）など、地元企業も多い。また、FIT 制度により再生可能エネルギー電源（再エネ電源）で発電された電気を国が定める価格・期間で買い取ることを義務づけられた九州電力（株）（福岡市中央区）も、自ら太陽光発電所を所有[7]している。

図表2-16　九州地域と全国の太陽光発電システム導入容量

（単位：kW、%）

	10kW 未満	10～50kW 未満	50～1,000kW 未満	1,000kW 以上	合計
福岡県	586,780	508,521	321,075	894,263	2,310,638
佐賀県	169,006	240,591	110,076	164,331	684,005
長崎県	193,856	307,419	124,086	333,421	958,782
熊本県	336,049	493,507	173,834	562,347	1,565,738
大分県	192,625	391,938	127,437	569,352	1,281,351
宮崎県	229,166	435,201	218,913	539,016	1,422,295
鹿児島県	267,286	660,749	312,593	1,005,453	2,246,082
沖縄県	114,022	212,900	37,758	50,588	415,268
山口県	202,418	296,974	136,138	547,933	1,183,463
九州地域	2,291,208	3,547,800	1,561,910	4,666,705	12,067,622
対全国比	18.3	20.8	16.3	20.3	19.4
全国	12,541,405	17,083,186	9,580,598	22,966,984	62,172,172

注）2021年6月末現在
資料）資源エネルギー庁 Web サイトより九経調作成

---

[5] 「エネルギー供給事業者による非化石エネルギー源の利用及び化石エネルギー原料の有効な利用の促進に関する法律」による。住宅用の太陽光発電設備（10kW 未満）で作られた電気のうち、余剰電力（自家消費分を差し引いた余りの電気）を10年間、電力会社が買い取ることを国が約束する制度。2012年7月より後述する FIT 制度へ

[6] Feed in Tariff。一般家庭や事業者が再生可能エネルギーで発電した電気を、九州電力（株）などの大手電力会社（旧一般電気事業者）が買い取ることを国が約束する制度。設備容量10kW 以上の事業所用は全ての電気20年間を、10kW 未満の家庭用は発電量から自家消費分を除いた電気10年間を、一定の料金で買い取り。2022年4月から、再エネ発電事業者が卸市場などで売電したときその売電価格に対して一定のプレミアム（補助額）を上乗せする FIP（フィードインプレミアム（Feed-in Premium））制度が開始

[7] 同社の太陽光発電の設備量は9万 kW。この他風力発電は6万 kW、地熱発電は22万 kW、バイオマス発電は15万 kW と、水力発電を除く再生可能エネルギー全体で52万 kW と、設備保有量としては全国第3位（九州電力 Web サイトより。2020年2月末時点）

発電所の O&M ビジネス

一方九州は、太陽光発電システムの普及が急速に進んだ普及先進地であると同時に、太陽光発電システムに関する「問題の顕在化が早い先進地」でもある。例えば、太陽光発電システムは、日中のみ発電するため、電力需要が減少する休日や連休中は電力供給が過多になり、電気が「余る」ことで需給バランスが崩れるため、再生可能エネルギーの需給バランス制約による出力制御が実施される。九州はその回数が他地域よりも多い。また、個人所有者が多い10kW 以上50kW 未満の小規模な太陽光発電システム（低圧発電所）では、オペレーション＆メンテナンス（O&M）が実施されないケースもあり、それに伴うトラブル発生などが挙げられる。

これに対して、九州地域には、太陽光発電システムの安定電源化に資する担い手が存在し、ビジネスを展開している。例えば、低圧発電所の O&M のビジネスを手がける業界団体である、（一社）太陽光発電アフターメンテンナンス協会（PVams）（福岡市早良区）は、業界団体である（一社）太陽光発電協会（JPEA）（東京都港区）の作成した O&M ガイドラインに準拠したメンテナンス項目を作成し、太陽光発電所現地での検査機器を使用した点検講習などを通し、O&M 事業者に対する支援ビジネスを推進している。さらには、太陽光発電所から排出される廃棄モジュールを有価物へリサイクルする事業との連携協業支援など、これからの循環経済社会構築の促進にも取り組んでいる。

直接売電やデジタル技術をベースとしたビジネスも

FIT 制度を利用した売電の場合、太陽光発電所で発電した電気は電力会社（国）への販売となるが、今後は販売先が変わる可能性がある。買取期間終了後（いわゆる「卒 FIT」。詳細は後述）は、電力会社による購入価格が FIT 制度による価格に比べると相当安価になる上、FIT 制度が導入された10年前に比べて、自社で利用する電気の脱炭素化を進める企業が国内外で急増し、発電時に CO_2を発生しない再生可能エネルギー由来の電気に対する需要が高まっているためである。また、太陽光発電による発電コストについても、FIT 制度導入時に比べると太陽電池パネルなどの部材の普及による価格の下落で相当安価になっており、当時に比べると太陽光発電所の価格面での導入障壁が低くなっている。そのため今後は、太陽光発電由来の電気を国の制度（FIT 制度、ならびに2022年４月よりスタートする、FIP 制度[8]）により国に売電するのではなく、再エネ由来の電気を必要とする企業や地域に販売するビジネスの加速が予想される。

また、企業への直接売電に加えて、電力の流れを電気の供給側・需要側の双方から制御し、最適化できる送電網であるスマートグリッドや、一定の地域における分散型電源（太陽光・風力・水力・バイオマス発電、蓄電池、EV など）から供給する小規模電力系統であるマイクログリッド、分散設置されたエネルギーリソース（発電設備、蓄電設備、需要設備）を IT 技術により束ねて、一つの発電所のように制御する技術である VPP（Virtual Power Plant）が普及拡大する可能性がある。スマートグリッドやマイクログリッド、VPP がビ

[8] Feed-in Premium の略。再エネ発電事業者が市場価格で電力販売する場合に、市場価格にプレミアム上乗せする方式。買取価格が20年間常に一定となる FIT と異なり、市場価格と連動する買取価格となるため、補助金が少なくすむことが期待される

ジネスとして普及拡大するためには、分散型電源に加えて、サービス提供エリア内の電力の需要と供給に関するデータを常に収集し、データに基づき電力需給を制御・最適化するためのシステムやソフトウェア、スマートメーターなどのデジタル技術が必要となる。そのためこれらビジネスについては、IT 企業やデジタル技術に明るい企業が参画することになる。

九州地域では、元は九州電力（株）が、離島における電気の安定供給の観点から九州管内の離島での離島マイクログリッドの実証や、再エネの大量普及の際の電力供給の観点から佐賀県玄海町や薩摩川内市でのスマートグリッド実証試験に取り組んできた経緯がある。近年では、それ以外の企業が実証やビジネスに取り組み始めている。例えば、環境関連商品の販売・施工及び保守管理、エネルギーソリューションを実施するリフェコ（株）（福岡市博多区、2021年３月まで日本エコライフ（株））は、経済産業省と環境省の補助金を活用した電気自動車とＶ２Ｈの導入を支援しており、地域内での再生可能エネルギーの地産地消を目指している。

②洋上風力発電など海洋エネルギーを利用したビジネス

今後の再エネ導入の切り札となる洋上風力

九州地域では、すでに普及が進んでいる太陽光発電に加えて、今後は洋上風力発電に関するビジネスの拡大が期待される。

FIT 制度は風力発電もその対象としており、導入直後は、主に陸上での風力発電システムの導入が進められた。しかし、風況に恵まれた場所が少ないことや設置後に騒音が発生するなど適地に限りがあることに加え、導入前に必要な環境アセスメントや地元調整に時間がかかるなどの問題があるため、太陽光発電のような爆発的な普及に至らなかった。2021年６月末で、九州地域における太陽光発電システムの導入量が約1,200万 kW であるのに対して、風力発電システムは74万 kW にとどまっている（図表２-17）。

図表２-17　九州地域と全国の風力発電システム導入容量

（単位：kW、％）

	20kW 未満	20kW 以上		合計
			うち洋上風力	
福岡県	20	36,450	0	36,470
佐賀県	91	44,650	0	44,741
長崎県	1,594	118,240	1,990	119,834
熊本県	59	35,899	0	35,958
大分県	397	11,000	0	11,397
宮崎県	98	80,800	0	80,898
鹿児島県	673	272,860	0	273,533
沖縄県	41	16,415	0	16,456
山口県	39	118,950	0	118,989
九州地域	3,010	735,264	1,990	738,274
対全国比	9.9	16.2	45.3	16.2
全国	30,499	4,527,390	4,390	4,557,889

注）2021年６月末現在
資料）資源エネルギー庁 Web サイトより九経調作成

こうした状況に対して、近年関心が高まっているのが洋上風力発電システムの導入である。グリーン成長戦略における重要14分野の１つに洋上風力が位置づけられた。また、わが国では、2020年12月に「洋上風力産業ビジョン（第１次）」が定められたが、ここでは国が達成すべき具体的な導入目標（2030年までに10GW（1,000万 kW）、2040年までに30～45GW）が示された。現在の太陽光発電のシステム導入容量が60GW であることを考慮すると、2040年までの目標はかなりの規模といえる。同時に国内調査比率目標（2040年までに60%）と発電コスト目標（着床式の発電コストを2030～2035年までに８～９円/kWh）も示された。

日本の洋上風力発電に対して、国内外企業の投資が活発になり、これから国内外企業によるビジネスが活発になることが予想される。

響灘と五島沖での展開

わが国周辺海洋の風況をみると、主に北海道・東北北部の日本海側海域、関東から東北に至る太平洋沿岸、紀伊半島と四国沖、そして五島列島沖の風況が良い（図表２-18）。

九州地域では、北九州沖の響灘と五島沖周辺を中心とした長崎県の海域での大量導入が検討されている。北九州市は、若松区響灘沖にて2017年に最大で22万kWとなる「北九州響灘洋上ウィンドファーム（仮称）」の事業者として、ひびきウインドエナジー（株）（北九州市若松区）[9]を選定し、同社は2022年度からの着工を予定している。また、このウィンドファームは、2011年から始まった若松区響灘地区で風力発電などのエネルギー関連産業の集積を目指す「グリーンエネルギーポートひびき」事業の一環として取り組まれている。洋上風力発電所の誘致だけではなく、洋上風力発電関連産業の集積促進、ウィンドファームの誘致と合わせて基地港湾を整備することで、洋上風力発電の整備に必要な特殊作業船の拠点、EPCI（設計・調達・建設・据付）、海陸物流等の関連産業、つまり響灘地区における脱炭素ビジネスの担い手創出を目指している。なお、この基地港湾については、北九州響灘洋上ウィンドファームの整備だけではなく、他地区の洋上ウィンドファームの整備においても活用されることを目指している。

図表２-18　わが国周辺の洋上風況

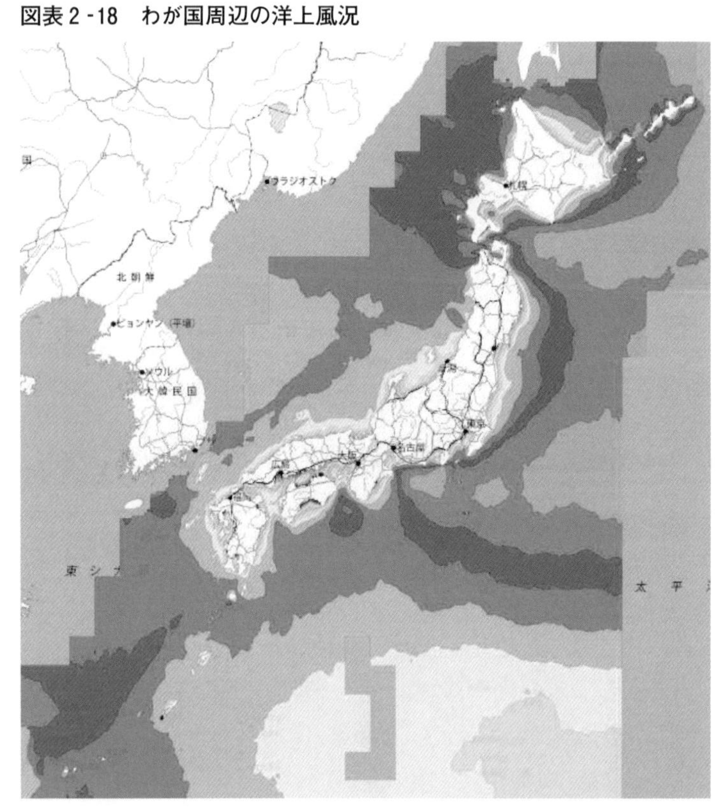

注）2021年11月現在
資料）NEDOWebサイト（洋上風況マップ）

年平均風速
3 4 5 6 7 8 9 10 11 m/s

五島沖については、長崎県が五島沖を含めた長崎県全体での洋上風力の導入目標を20万kWと定めており[10]、このうち1.68万kW分については、2021年に国（経済産業省・国土交通省）による事業者の公募が始まり、複数企業のコンソーシアムである（仮）ごとう市沖洋上風力発電合同会社[11]が落札し、浮体式洋上風力発電の整備が進むことになった。コンソーシアムの参加企業の１つである戸田建設（株）（東京都中央区）は、2007年から浮体洋上風

---

[9] 九電みらいエナジー（株）（福岡市中央区）、電源開発（株）（東京都中央区）、（株）北拓（北海道旭川市）、西部ガス（株）（福岡市博多区）、（株）九電工（福岡市南区）により構成

[10] 長崎県再生可能エネルギー導入促進ビジョンより。2030年までの目標

[11] 戸田建設（株）、ENEOS（株）（東京都千代田区）、大阪ガス（株）（大阪市中央区）、関西電力（株）（大阪市北区）、（株）INPEX（東京都港区）、中部電力（株）（名古屋市東区）により構成

力発電の研究を始め、2013年には出力2MW実証機を五島市に設置した実績のある企業である。

洋上風力発電は、構成部品点数が数千から1万点あるとされている。また、定期的な保守・メンテナンスが求められる。そのため、部品製造やメンテナンスに関わる産業の裾野が広い。

部品製造については、そもそもわが国の風力発電設備メーカーは日本から撤退しているが、三菱重工業（株）や（株）東芝などのかつてのメーカーは、海外メーカーとの提携を進めることで、一部の部品製造や設備生産などを予定している。デンマークの大手風力発電メーカーのヴェスタス社が長崎県に洋上風力発電設備の製造工場を展開するとの報道記事（日本経済新聞など）もある。また、メンテナンスについては、すでに地元に（有）イー・ウィンド（五島市）が存在する。今後、国内外の進出企業と地元企業が中心となり、九州で産業集積が進むことが期待される。

海水利用による浸透圧発電

日本の中でも海岸線が長く、海洋へのアクセスが容易な九州地域は、洋上風力発電以外でも海洋エネルギーを利用しやすい環境にあるが、海洋エネルギーの利用方法の1つに、「浸透圧発電」がある。

浸透圧発電の原理は、海水（塩水）と淡水の塩分濃度差によって生じる浸透圧差を利用して水の流れを発生させ、その水の流れによって水車を回す発電方法である（図表2-19）。塩分濃度差が大きいほど浸透圧も高くなるため、浸透圧発電の多くは、海水淡水化施設から発生する濃縮海水と下水処理水が使われる。もちろん、発電に伴う温室効果ガスの排出はゼロである。

この浸透圧発電プラントの商用化に向けて、研究開発や実証実験に取り組みつつ国内外への展開を狙っているのが、協和機電工業（株）（長崎市）である。2004年に、福岡市の海水淡水化センターから放流される濃縮海水の有効利用の検討から、同社は東京工業大学（東京都目黒区）、長崎大学（長崎市）、福岡地区水道企業団（福岡市南区）とプロジェクトを開始し、2009年に（国研）新エネルギー・産業技術総合開発機構（以下、NEDOとする）の事業により福岡に実証試験プラントを建設した。2010～14年にかけて内閣府の最先端研究開発

図表2-19　浸透圧発電（海水淡水化施設付帯）の概念

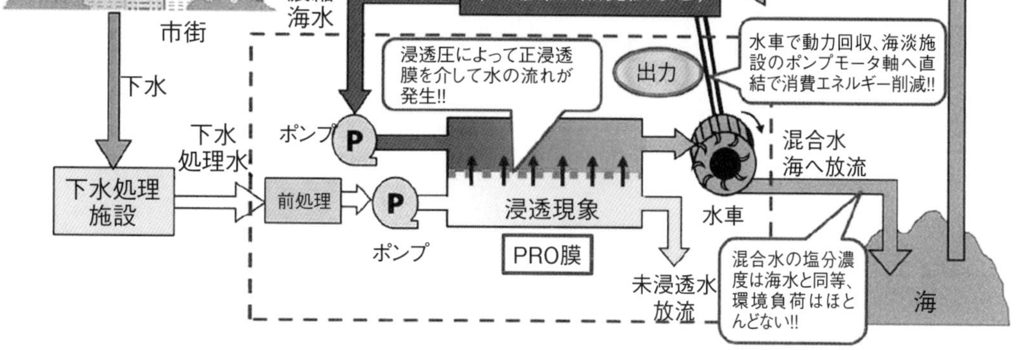

資料）協和機電工業（株）提供資料

プログラムで研究を続け、2013～2020年にかけて、ながさき海洋・環境産業拠点で長期運転性能評価を実施した。国内では、浸透圧発電の大型化に資する規模の大きい海水淡水化施設が存在しないため、現在はサウジアラビアで調査事業を実施している。海外の中でも中東では、巨大な海水淡水化施設のニーズが高いため、同社は、浸透圧発電による長崎発の脱炭素ビジネスの海外展開を狙っている。

③水素エネルギー

CO_2を発生しない水素エネルギー利用

水素は、酸素と結びつけることで発電が可能であり、燃焼させて熱エネルギーとして利用することが可能な上、燃焼させてもCO_2を発生しないという特徴がある。また、再生可能エネルギー由来の電気を水素に変換し貯蔵すること、エネルギー源が液体ではなく気体であるため運搬が容易であることなどのメリットも存在する。このため、脱炭素を進める際の次世代エネルギーとして、水素への注目が高まっており、先進国や国内外での技術開発が進んでいる。わが国でも、2020年12月に「2050年カーボンニュートラルに伴うグリーン成長戦略」の中で、水素エネルギーを発電・輸送・産業など幅広い分野で活用が期待されるキーテクノロジーとして捉えられている。また、グリーン成長戦略における重要14分野の１つとなっている。

これまでは、水素は主に産業界で利用されていたが、その大部分は天然ガスなどの化石燃料を用いて生産した水素であり、水素生産時のCO_2発生が避けられなかった。現在は、再生可能エネルギーを用いた水の電気分解で生産された、生産から利活用までCO_2を排出しない水素[12]の導入に向けた取り組みが進んでおり、特にCO_2の排出量が多い製鉄業や運輸業での利活用が期待され、今後市場の急拡大が予想される。（株）矢野経済研究所（東京都中野区）のプレスリリース（2020年９月28日）によると、水素エネルギーに関する市場規模は、2020年度の952億円（見込み）から、2030年度には１兆2,289億円、2050年度には３兆7,940億円へと急成長すると予測している。

多くが研究開発段階

水素を利用した脱炭素ビジネスのサプライチェーンは、主に電力や燃料などの用途に応じた「製造」、製造した水素を溜める・運ぶ・提供するといった「貯蔵・運搬・供給」、実際に水素を使う「利活用」などに大別される。全国レベルでは、岩谷産業（株）（大阪市中央区）が他企業と共同でオーストラリアの褐炭（低品位な石炭）を現地でガス化して水素を製造し、液化して大量輸送する技術実証を進めたり、旭化成（株）（東京都千代田区）がNEDO事業の一環として、福島県浪江町にて世界最大規模の10MW級アルカリ水電解システム（電気を水分解して水素を製造するシステム）を開発するなどのプロジェクトが始まっているが、その多くは研究開発や実証実験である。

[12] 一般的にグリーン水素と呼ばれる。この他、天然ガスや石炭等の化石燃料を水素とCO_2に分解し、CO_2を大気排出する前に回収する方法で使う方法はブルー水素、水素生産プロセスはブルー水素と同様だが、CO_2を回収せずそのまま大気中に放出する方法はグレー水素と呼ばれる

集中的に進む研究開発・実証

九州地域でも、一部の県で産学官などによる水素エネルギーに関する研究開発や実証・利用に向けた取り組みが進んでいる。そしてその地域の取り組みと関係しながら、研究開発や実証に参画する企業も多数存在する。

福岡県は、古くから水素エネルギーの利活用に取り組んでおり、2004年8月に全国に先駆けて、産学連携組織である「福岡水素エネルギー戦略会議」を立ち上げ、福岡県に加えて九州経済産業局、福岡市、北九州市、九州大学（福岡市西区）のトップが同戦略会議の顧問に就任した。同戦略会議では、九州大学を中心とする研究開発や、セミナーや研究開発助成などを通した産業の育成・集積、人材育成支援、北九州水素タウンなどの社会実証などの取り組み・支援が進められている。九州大学では、燃料電池と水素エネルギーの研究開発が一気通貫で取り組まれ、これまでに業務産業用の燃料電池や水素インフラ配置シミュレーターの開発・社会実装に成功している。大分県では、清水建設（株）（東京都中央区）と（株）大林組（東京都港区）が九重町で低コストでのグリーン水素製造の実証プラントを建設し（2021年11月末現在で、清水建設（株）はプラントの建設着手、（株）大林組はプラント完成）、実証試験を進めながら水素供給を進める。清水建設（株）のプロジェクトについては、水素製造・精製の段階で用いられる透過膜について、必要なコストが既存品の約1,000分の1となるバナジウムによる透過膜を開発した、スタートアップの（株）ハイドロネクスト（大分市）や大分高専（大分市）など、地元企業や研究機関が参加している。周南市では、純水素燃料電池や燃料電池フォークリフトなどの実証が進められている。

このように、地域一帯となった取り組みが福岡県と大分県、山口県で展開しているため、水素エネルギーおよび関連する燃料電池に関する脱炭素ビジネス（研究開発）に参入している企業は、現時点では北部九州と山口県に集積する傾向にある（図表2-20）。安価な水素製造に必要な素材・部材提供に関係する分野や、供給に関する分野での参入が目立つ。

図表2-20　九州地域の主な水素エネルギービジネス参入企業と主な地域の取り組み

水素サプライチェーン	製造	（株）イワテック（長崎市・再エネ水素実証プラント）、吸着技術工業（株）（大村市・バイオガスからの水素製造）、（株）三和プレス（大分市・水素透過金属膜を用いた水素精製デバイス開発）、（株）ハイドロネクスト（大分市・金属透過膜）、リマテック九州（株）（臼杵市・水素を取り出す装置の開発）、（株）トクヤマ（周南市・未利用副生水素の回収、グリーン水素の製造）
	貯蔵・運搬・供給	（株）イワテック（長崎市・再エネ水素実証プラント）、南国殖産（株）（鹿児島市・水素ステーション）、東ソー（株）（周南市・水素ボンベ）、長州産業（株）（山陽小野田市・再エネ由来水素ステーション）、（株）テクノウェル（柳井市・超高圧配管ユニット）、富士高圧フレキシブルホース（株）（光市・水素用配管部品）
	利活用	（株）スマートデザイン（佐世保市・ゼロエミッション船実証実験）
	その他関連製品	九州計測器（株）（福岡市博多区・高感度水素選択センサモジュール）、（株）九州電化（福岡市東区・水素タンク素材めっき処理）、矢部川電気工業（株）（大牟田市・水素燃料ガス計測装置）、（株）トクヤマ（周南市・燃料電池発電機、純水素型燃料電池などの実証）、長府工産（株）（下関市・水素バーナー）
地域		福岡県・福岡市・北九州市など（福岡水素エネルギー戦略会議）、北九州市（北九州水素タウン、響灘地区モデル実証事業）、大分県（大分県エネルギー産業企業会水素関連産業分科会）、山口県（やまぐち水素成長戦略推進協議会）、周南市（周南市水素利活用協議会）など

注）研究・実証実験中の取り組みも含める
資料）報道資料や各社プレスリリースなどにより九経調作成

④蓄電池・蓄電システム・次世代電池

「卒 FIT」などに伴い重要性を増す蓄電池・蓄電システム

再生可能エネルギーによる余剰電力買取制度による買取期間が満了する住宅用太陽光発電システムは2019年からすでに発生しており、FIT 制度の買取期間が満了する（「卒 FIT」と呼ばれる）事業所用太陽光発電システムは2022年から発生する。今後、「卒 FIT」した太陽光発電システムの大量発生が予想されるが、「卒 FIT」後は電力会社による電気の買い取り単価が急落することから、発電事業者（住宅用太陽光発電システムのオーナー含める）は、その後の電気の販売・利用方法を検討することが必要になる。販売・利用方法の１つは、前述したとおり、再エネ由来の電気を必要とする企業や地域に販売することが挙げられるが、有力な他の方法としては、自家消費（発電した電気を自分で消費すること）が挙げられる。特に、発電事業者が企業である場合は、自家消費を進めることによる電気料金の削減や、再エネ由来の電気の利用による脱炭素への取り組みの加速といったメリットが発生する。ただし、自家消費を進める場合、発電した電気をそのまますぐに使えるとは限らないため、電気を蓄電・放電することができる蓄電池（蓄電システム）の導入普及が、成功の鍵を握る。また、「卒 FIT」の電力に限らず、電力系統以外の電気を自家消費で使う場合には、蓄電池（蓄電システム）を導入した方が、安定的に電気を利用できる可能性が高くなる。

そのため、後述する EV の普及拡大と合わせて、蓄電池や蓄電システムなどに関する開発やビジネスについては、わが国のみならず今後ニーズが高まることが予想される。（株）富士経済（東京都中央区）によると（2021年１月22日同社プレスリリース）、現在、蓄電池の中で普及が進んでいるリチウムイオン蓄電池の世界市場動向をみると、2020年は４兆7, 410億円であるのに対して、2024年は９兆5, 203億円と、わずか４年間で市場規模は倍となる見込みである。

蓄電池システムの導入支援と次世代電池の開発

九州地域には、蓄電池メーカーは少ないものの、蓄電池を国内外から調達した上で、企業や一般消費者が使いやすい形にシステム化して販売する企業が立地し、すでに脱炭素ビジネスに参入している。例えば、（株）正興電機製作所（福岡市博多区）は、電力部門や環境エネルギー部門において、情報と制御の独自技術で様々な製品やソリューションを提供している企業であるが、2026年をゴールとした中期経営計画では、他社の

図表２-21　（株）正興電機製作所のソーラーカーポート＋ハイブリッド蓄電システム

資料）（株）正興電機製作所提供

カーボンニュートラルへの取り組みをビジネスで支援する形で、低炭素社会の実現を取り組み方針の１つとしている。蓄電池を活用した蓄電システムについては、20年程前から取り組んでいるが、現在、わが国の戸建て住宅や事業所の屋根の多くが、FIT制度による太陽光発電システムで使われている状況を受けて、もともと同社が製造していたハイブリッド蓄電システム（太陽電池で発電した電気の蓄電、EVへの充電を共に可能とする）にソーラーカーポートをセットにしたシステムの販売を開始した。システム開発にあたっては、ネクストエナジー・アンド・リソース（株）（長野県駒ヶ根市）と協業し、同社が提供するソーラーカーポートを利用している。企業の建物敷地内に設置し、発電した電力を建物内で利用（自家消費）することで、電力料金の削減や、設置企業の脱炭素への取り組みの加速が可能となるビジネスである（図表２-21）。

また、新たな蓄電池の素材や部材を開発する企業も九州地域に立地する。2011年１月に設立されたスタートアップであるLEシステム（株）（久留米市）は、蓄電池の１種であるバナジウムレドックスフロー電池用電解液の開発・製造に取り組んでいる。バナジウムレドックスフロー電池は、他の蓄電池に比べて、難燃性があり半永久的に利用可能な電解液を使うことによる安全性や長寿命性、また電池の出力や容量の自由な設計が可能という拡張性に優れている。原材料となるバナジウムの産出国が限られることや、バナジウムを主に利用する国内外の鉄鋼業界の影響を受けやすいことから、バナジウムの市場価格が高額かつ安定供給が困難という課題があるが、同社は、燃焼煤や廃棄された触媒などの多様な原料からバナジウムを回収する技術と、回収したバナジウムから電解液を製造する技術について、独自技術を開発したことにより、未利用資源からのバナジウムの回収と電解液製造を、安価かつ低価格で実現することを可能とした。顧客は国内外の蓄電地メーカーであるが、世界的な電解液の需要拡大を受け、2021年には、福島県浪江町にてバナジウム回収と電解液の製造工場を完成させた。今後も、九州地域内や海外で同様の工場を展開する予定である。

焼酎メーカーである薩摩酒造（株）（枕崎市）は、2021年７月に、エルステッドインターナショナル（株）（東京都港区）、福岡工業大学（福岡市東区）、（株）BlueForce（霧島市）と共同で、焼酎の製造過程で発生する焼酎粕を次世代電池の電極材に変換するプロジェクトを始めた。同社から生じる焼酎粕は、年間１千万トン以上になり、通常は産業廃棄物としての処理が必要になる。これまでも同社は、近隣の焼酎メーカーと協力し、焼酎粕によるボイラー燃料や飼料としての再利用に取り組み、鹿児島県の主要産業である畜産業での資源循環を進めてきたが、福岡工業大学田島教授が最高技術責任者を務める（株）BlueForceがプロジェクト化した事業に参加し、次世代電池実現に欠かせない焼酎粕由来の特殊な活性炭の開発に取り組むことになった。2021年から基礎研究に取り組み、2023年に炭化などの実証実験、2025年から蓄電実証実験を予定している。

3）省エネルギーを推進する脱炭素ビジネス領域

建物のエネルギー消費量ゼロによる脱炭素

図表2-22　ZEBによるエネルギー消費ゼロの考え方

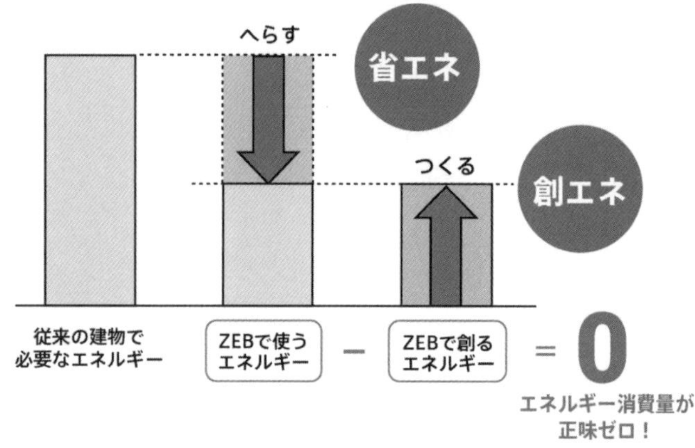

注）ZEHについても基本的な考え方は同じ
資料）環境省Webサイト

企業活動や生活環境の脱炭素を進める1つの手段が、入居あるいは居住している建物における、燃料の燃焼や電気の使用といったエネルギーの利用をゼロにすることである。とはいえ、省エネルギーをどれだけ進めても、建物では空調や換気、照明、給湯などでエネルギーが必要になるため、エネルギーの利用を完全にゼロにすることはできない。そのため、省エネルギーを進めてなお必要となるエネルギーと同じ量のエネルギーを創ることで、エネルギー消費量をプラスマイナスゼロにすることで、エネルギーの利用をゼロに近づける考え方がある（図表2-22）。これを実現したのが、ZEBやZEHである。

これまで、非住宅建築物については、2020年までに国を含めた新築公共建築物などでZEBの実現を目指し、住宅については、2020年までにハウスメーカーなどが新築する注文戸建住宅の半数以上でZEHを実現することが目指されてきた。非住宅建築物における2020年目標は達成[13]したものの、新築建築物に占めるZEB普及割合は1％に満たない[14]。住宅についても、2019年度の新築注文戸建住宅のZEH割合が約2割と2020年目標の達成は難しい状況である。そのため、ZEBについては、すでに第5次エネルギー基本計画において新築建築物の平均でZEBの実現を目指すと目標を掲げていることもあり、2021年に閣議決定された第6次エネルギー基本計画では、目標実現に向けて規制強化と支援の強化に取り組むとしている。さらに既築住宅・非住宅建築物についても、省エネルギー改修や省エネルギー機器導入などを進めることで、2050年に住宅・建築物のストック平均でZEBとZEH水準の省エネルギー性能が確保されていることを目指すとしている。

九州地域でも進む取り組み～今後の市場拡大に期待

2021年4月のZEBロードマップフォローアップ委員会の報告によると、地方公共団体（公共建築物）のZEB事例については、年々件数は増加している（図表2-23）。ただし、2021年3月現在建設中のものを含めると、全国で累計34件にとどまる。このうち九州地域は4件（福岡県2件、沖縄県2件）である。

現在の導入事例は少ないが、今後は規制強化と支援強化により、公共建築物に加えて、企業の脱炭素への取り組みが加速することで、オフィスビルも含めた新築のZEBないし既築

[13] 神奈川県開成町庁舎や島根県雲南市庁舎などがNearly ZEB以上のZEB建物となっている
[14] 2019年度の全国の新築建築物着工数の56,961件に対して、ZEBシリーズは144件と、全体の0.25％

ビルの改修によるZEBのニーズが高まる可能性が高い。住宅であるZEHについても同様である。従って、これらの「建物のエネルギー消費量をゼロにする」ニーズを満たす脱炭素ビジネスの必要性と重要性は、今後さらに高まることが期待される。

図表2-23　公共建築物のZEB件数の推移

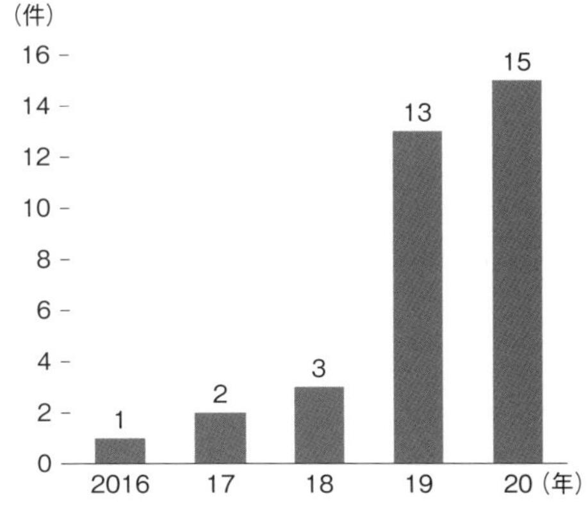

資料）ZEBロードマップフォローアップ委員会資料

一部の企業では、すでにZEBビジネスへの動きがみられる。例えば、全国レベルの企業では、2012年に本社ビルをゼロ・カーボンビルとするなど、業界内部でも取り組みが早かった清水建設（株）は、自社北陸支店の新社屋にZEBを導入している。自然換気や自然採光、床コンクリートに熱を蓄えてその放射効果による空調システムなどの導入に加えて、太陽光発電によるエネルギーを水素に交換して貯蔵し、建物の電力需要に応じて水素を放出・発電する制御システムなどの導入を通して、年間エネルギー収支ゼロを達成した。今後は、この技術やノウハウを他社に対するZEBビジネスに活かすことを予定している。

九州地域でも同様の動きを見せる企業が存在する。例えば、空調・衛生・電気の総合エンジニアリング事業、メンテナンス事業を実施する（株）菱熱（福岡市博多区）は、自社ビルをZEB改修し、ZEB Readyを達成。自社の実体験に基づいたコンサルティングや省エネビルの提案を進める。電気工事業などを実施する鬼塚電気工事（株）（大分市）は、新本社ビル（2022年1月竣工予定）で太陽光と水素燃料、風力の発電装置を備え、再生可能エネルギーを積極活用する。そのノウハウを蓄積することで、今後はオフィスビルなどの省エネ支援ビジネス（ZEB関連のコンサル・施工）を手掛けることを進める。

九州地域内の先進的な企業によるZEB・ZEHビジネス

「建物のエネルギー消費量をゼロにする」ニーズに対応すべく、新築ないし改修工事によるZEBの供給やZEHの供給、またこうした建物で活用される素材を供給する企業は九州地域内にも存在する。

注文住宅を建築・販売するエコワークス（株）（福岡市博多区）は、「自然素材でつくる、自然エネルギーで快適に暮らす」をコンセプトに、2000年代後半からは、特に省CO_2住宅の供給に力を入れている。戸建て住宅の購入を検討する消費者にとって、「脱炭素」は購入のモチベーションになりにくいが、元々CO_2の削減に必要な断熱材やエコキュート、LED照明などについては、快適に生活するために必要なツールでもある。これに加えて、太陽光発電システムの導入や断熱材のグレードアップを進めれば、イニシャルコストは高くなるが、20～30年後を見据えると電気代削減効果が見込まれ、長期間快適に住むことが可能となる。太陽光発電システムの導入や断熱材のグレードアップはオプションであるが、同社の注文住宅を購入する顧客の多くがこのオプションを選択している。結果、同社が供給する注文住宅の9割がZEHとなっている（図表2-24）。なお同社は、今後のZEBニーズの高まりを予想し、自社ビルをZEBに改修し、低層の非住宅建築物のZEBビジネスに参入した。2020

年には熊本県の保育園の建築物でZEBを供給した。今後の企業の脱炭素への取り組みに応える形で、低層建築物でのZEBマーケットの開拓を狙っている。

部材供給という形で脱炭素ビジネスの市場を開拓する企業もある。（株）デコス（下関市）は、新聞紙をリサイクルしたセルロースファイバー断熱材（商品名：デコスファイバー）を自社開発し、製造・販売・施工を実施している（図表2-25）。セルロースファイバーの開発は1990年代に遡るが、同社は、この頃から住まいの環境における省エネ・CO_2排出量削減に取り組んできた。家庭用の断熱材として一般的に使われているグラスウール（ガラス繊維でできた綿状の素材）に比べると、価格は安いものではないが、断熱性能や吸放湿性能、防音性能などが優れる上に、重要な断熱工事を全国に配置した施工代理店の専門技術者が施工する体制ができていることから、居住者の快適性を向上させるメリットがある。加えて、原材料や製造過程で他の断熱材よりもCO_2の排出量が少なく、リサイクルも可能という特徴を持つ。同社のセルロースファイバーは現在、全国の在来木造戸建て注文住宅の1.3%のシェアを占めており、取引実績は年々増加している。また、デコスファイバーを採用している地場工務店の勧めによって、熊本地震および熊本豪雨水害の木造応急仮設住宅でも採用された。同社は、「環境との共生」を経営理念として掲げており、コロナ禍とは関係なく脱炭素ビジネスに取り組んできたが、脱炭素に対する企業や社会の関心の高まりによる脱炭素ビジネスのマーケット拡大には期待している。

図表2-24　エコワークス（株）のZEH

資料）エコワークス（株）提供

図表2-25　（株）デコスのセルロースファイバー

資料）（株）デコス提供

4）交通や物流の脱炭素を進めるビジネス領域

移動手段の脱炭素～次世代自動車

前述の通り、運輸部門におけるCO_2排出量の削減率は、長期的にみても短期的にみても、他部門と比較して高くない。運輸部門で脱炭素を進めるためには、部門におけるCO_2排出量の約85%を占める自動車分野で取り組みを進めることが重要となる[15]。

[15] 資源エネルギー庁「2050年カーボンニュートラルの実現に向けた検討」（2021年1月）

図表２－26　自動車各社のEV投入計画

自動車各社	EVなどの戦略	発表時期
トヨタ	2030年のEV世界販売目標350万台、電動化全体で８兆円の投資、うちEVは４兆円	2021年
日産	2030年度までにEV15車種を導入、50％以上を電動車、今後５年間で２兆円の投資で車両の電動化と技術革新を加速	2021年
ホンダ	2040年に世界での自動車販売の全てをEVとFCVとする。５年以内に中国へEV10車種投入	2021年
VW	2030年までに新車販売の50％をEVとする	2021年
GM	2025年までに30車種以上の新型EVを投入、EVとAV（電動自立走行車）に350億ドル投資、2035年までにガソリン車とディーゼル車を廃止	2021年
BMW	2023年までに25車種の電動車をラインナップして、その半分以上を完全な電気自動車（BEV）にする	2021年
フォード	2030年までに販売車両の40％をEVにする、2025年までにEV用電池の開発を含む車両電動化に300億ドル投資	2021年

資料）各メーカーや報道機関のWebサイトより九経調作成

図表２-27　わが国における次世代自動車の普及状況

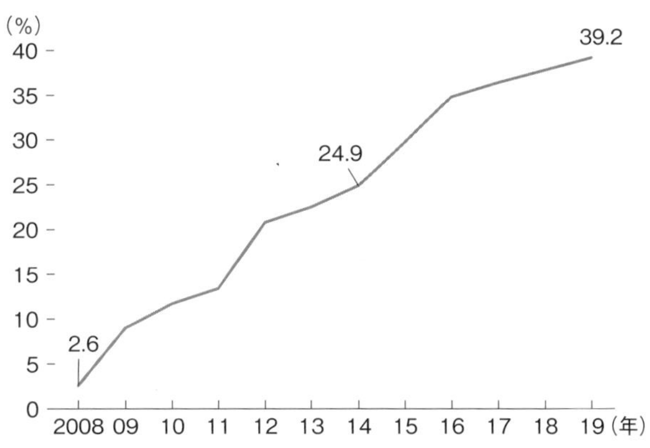

注）新車乗用車販売台数に占める次世代自動車の割合
資料）（一社）日本自動車工業会「日本の自動車工業2020」

これまで、わが国の自動車産業は、燃費性能の向上によって環境対応を進めてきたが、世界レベルでみると、ハイブリッド自動車（HV）やプラグイン・ハイブリッド自動車（PHV）、電気自動車（EV）、燃料電池自動車（FCV）などの次世代自動車の開発・普及競争が激しくなっている。特にEVについては、2021年に国内外の自動車メーカーが相次いでEV戦略を発表した。多くのメーカーは2023～2030年のEV導入目標を示し、一部のメーカーでは2035～2040年を目処に全ての車種をEV（とFCV）にするとしている（図表２-26）。わが国における次世代自動車の普及も着実に進んでおり、新車乗用車販売台数に占める次世代自動車の割合は、2019年で39.2％（168.7万台）に達した（図表２-27）。今後、次世代自動車については、価格などにおける経済性や、電気や水素などのエネルギー源の供給インフラ整備などの課題をクリアしながら、普及を加速させることが求められる。

また、電動化のハードルが高いとされている商用車についても、電動化の加速や燃料の脱炭素化を進めることが求められる。さらに、商用車単体での脱炭素化に加えて、商用車を多く利用する物流のサプライチェーン全体で効率化と省力化を進めることも、運輸部門の脱炭素を進めるためには必要となる。

自動車メーカーによる次世代自動車の開発／販売

わが国ではすでに、自動車メーカーによる、脱炭素を進める次世代自動車の開発と販売が進んでいる。具体的には、HVはトヨタ自動車（株）、日産自動車（株）、本田技研工業（株）、マツダ（株）、（株）SUBARU、スズキ（株）、ダイハツ工業（株）が、PHVはトヨタ自動車（株）、三菱自動車（株）、EVは日産自動車（株）と三菱自動車（株）、FCVはトヨタ自動車（株）、本田技研工業（株）が販売をしている。

一方、商用車の電動化についても、既存の自動車メーカーを中心に、EVバスやFCバス、EVトラックやFCトラックの開発が進み、一部は販売されている。例えば、トヨタ自動車（株）は、FCバス「SORA」の型式認証をFCバスとして国内で初めて取得し、2018年3月より販売を開始し、FCトラックの開発を進めている。その一方で、車両価格の高さ、充電時間や航続距離といった運用上の問題が残っているため、現時点では次世代自動車ほどの普及がみられていない。また、商用車EVについては、中国の自動車メーカーや中国のスタートアップの開発・市場投入のスピードが速く、中国製を採用する国内企業もみられるようになった。物流の一括受託の大手企業であるSBSホールディングス（株）（東京都墨田区）は、これから導入するEVトラックの一部を中国の東風汽車集団傘下の企業が生産する製品としている。

九州地域における商用EVのスタートアップ

こうした状況下、商用EVの開発に特化したメーカーやスタートアップはわが国にも存在し、その一部は九州地域で活動している。2019年に設立したスタートアップである（株）EVモーターズ・ジャパン（北九州市若松区）は、EVバス、EVトラックなど商用EVの開発・販売を中心に、充電システム・蓄電システム・ソーラー発電システムなど、ゼロエミッション社会の実現を目指している。これまでわが国で使われている商用EVのほとんどが、エンジン車両用のシャシーとボディを使用し、エンジンの代わりにモーター、インバータ、バッテリーを搭載した改造EVである。そのため軽量化が徹底されておらず、大容量バッテリーを搭載する重量の余裕が無く、結果、走行距離が80km程度と短い上に、改造を行うため車両価格も高額となる。これに対して、同社が供給する商用EVは、専用シャシーと軽量ボディによる量産タイプのEVであるため、航続距離が230～250kmであり、また、車両価格もエンジン車の1.5倍程度となっている。2021年10月に北九州市で開催された第50回世界体操競技選手権大会にて、同社の小型EVバスがシャトルバスとして運行するなど、すでに実用化が進んでいる（図表2-28）。2023年には商用EVの量産工場を市内に建設する予定であり、今後予想される商用EVの需要拡大に対応している。

図表2-28　（株）EVモーターズ・ジャパンのEVバス

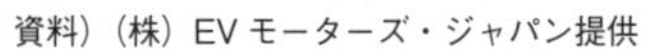
資料）（株）EVモーターズ・ジャパン提供

5）シェアリング、コンサルティング、クレジット関係などによるビジネス領域

①シェアリング

脱炭素を進める仕組みとしてのシェアリングビジネス

これまで紹介した3つのビジネス領域は、企業や個人の脱炭素への取り組みに直接寄与する製品やサービスを供給する内容である。一方で、脱炭素に資する仕組みをサービスとして展開するビジネスも存在する。

その代表例がシェアリングビジネスである。シェアリングビジネスは、「限りある資源を効率よく共有」するビジネスであるため、企業や社会の脱炭素に寄与するビジネスになることが期待される。インターネットなど情報通信技術の急速な進化もあり、インターネット上で空間やスキルやサービスを共有しやすい環境も整いつつある。世界経済フォーラムでは、シェアリングビジネスは、大量生産・大量消費・大量廃棄からの脱却手段として位置づけられている。（株）矢野経済研究所によると、わが国におけるシェアリングエコノミーサービスは、2020年度時点で1,192億円の市場規模があり、2025年度には1,900億円を超えることが予測されており、今後も市場は堅調に拡大することが見込まれている（図表2-29）。

図表2-29　シェアリングエコノミーサービス市場規模推移・予測

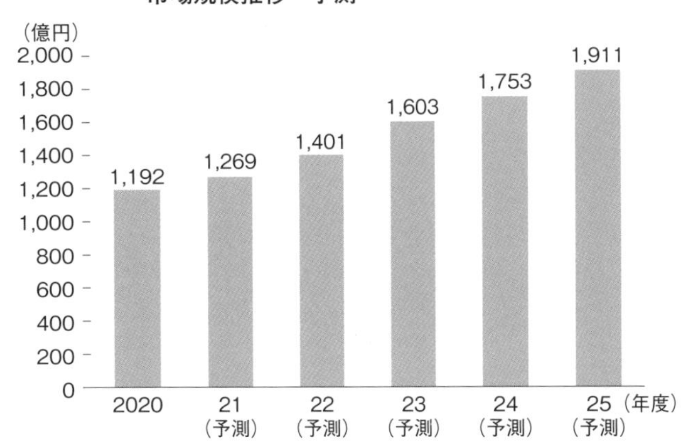

注）サービス提供事業者売上ベース
資料）（株）矢野経済研究所Webサイト（2021年11月16日同社プレスリリース）

シェアリングサービスの対象となっているものは、主に車などの乗り物、スペース（空き室などの空間）、モノ、ヒト、カネなどである。

シェアリングエコノミーについては、現在サービスの大半を占めるカーシェアリングビジネスの拡大により、認知度については急速に高まりつつあるといえる。しかし、消費の考え方を所有から利用へと転換する必要性という課題が存在する。さらに、本アンケート調査結果にもみられるように、本来脱炭素への取り組みに寄与するビジネスでありながら、脱炭素という価値を前面に出したシェアリングビジネスはまだ目立っていない。

EVを使ったシェアリングサービス

こうした状況下、九州地域では、脱炭素という価値をイメージしやすい形でシェアリングビジネスの展開や実証に取り組む企業が存在する。例えば、九州電力（株）は、マンション入居者向けEVカーシェアリングサービス「weev（ウィーブ）」を、2020年から事業化している。利用者はマンション入居者に限定し、車種は電気自動車（現時点では、テスラモデル3ないし日産リーフ）に限定。マンションの平面駐車場で充電を行い、入居者は料金を支払ってシェアリングするというビジネスである。現在、首都圏と福岡県においてビジネスを展開している。シェアリングカーをEVに限定することにより、デベロッパー（マンション）

にとっては、EV カーシェア付マンションとしての物件の付加価値向上による販売促進への寄与と、自社の脱炭素への取り組みとしてのアピールに繋がるというメリットが生じ、マンション入居者にとっては、自己所有することなく EV を運転する新しいカーライフを楽しむことができるメリットが生じる（図表 2 -30）。

図表 2 -30　weev におけるマンションと入居者のメリット

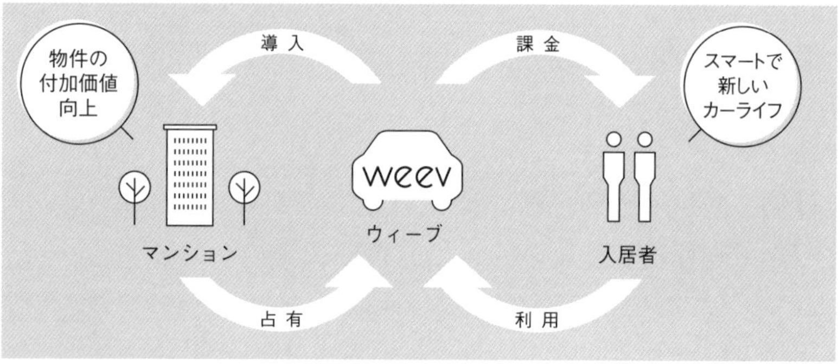

資料）weevWeb サイト

同社はこの他にも、自治体や民間企業向けの電気バスサービスの事業化を検討しており、その一環として2021年には電気バスを活用したモニターツアーを熊本県南阿蘇村で展開している。今後の企業や地方自治体など脱炭素への取り組みによる EV の普及拡大を見据えて、シェアリングサービスによる脱炭素ビジネスの展開を進めている。

②コンサルティング、クレジット関係のビジネス

企業や個人の脱炭素への取り組みに対する製品・販売以外の脱炭素ビジネスは、シェアリングビジネス以外にも存在する。それは、企業の脱炭素の取り組みをサポートするコンサルティング・企業支援や、CO_2などの温室効果ガスの排出削減量や吸収量を取り引きすることを認めたクレジット制度に関係するビジネスである。

コンサルティング・企業支援については、脱炭素の取り組みを進める企業に対して、脱炭素の具体的な進め方や CO_2の正確な測定とその評価、脱炭素に資する制度や施設の導入に関するアドバイスなどの形が存在する。例えば九州地域では、（一社）エネルギーマネジメント協会（北九州市戸畑区）が、「省エネお助け隊[16]」の活動を通した、中小企業の省エネ診断および省エネ取り組み支援を実施し、脱炭素に取り組む企業への支援を実施している。同協会の省エネ診断では、診断対象となる企業における各種設備の使用状況の把握と点検をもとに診断し、改善策（設備投資の必要な対策、使用方法の変更といった運用改善）を提案および省エネ取り組みの支援をしている。同協会によると、近年、環境意識の高まりや、自治体の環境対策の加速により、中小企業の省エネ診断および省エネ取り組み支援のニーズは高まっているが、それぞれの中小企業に即した支援が求められるため、この手の脱炭素ビジネスの担い手は、まだそれほど多くないということである。

クレジット制度については、わが国では J-クレジット制度が一般的な制度である。農業者や森林事業者、地方自治体などが省エネ設備（ボイラーやヒートポンプ、空調設備の導入など）や再生可能エネルギーの導入、植林や間伐といった森林維持活動による CO_2の排出

[16] 経済産業省資源エネルギー庁の「地域プラットフォーム構築事業」で採択された地域密着型の省エネ支援団体のこと。中小企業などの省エネの取り組みに対して現状把握から改善までサポートを実施

量や吸収量をクレジットとして認証を受けて、自社の脱炭素に取り組む企業や自治体がそのクレジットを購入してカーボンオフセットなどに利用する仕組みである。運営は、経済産業省、環境省、農林水産省である。森林資源に恵まれた九州地域では、森林経営や森林管理を進める企業が、J-クレジット創出者となるケースが目立つ。

4　脱炭素ビジネス戦略における九州地域の強みと課題

今後、九州地域で企業戦略の中に脱炭素ビジネスを位置づける企業が増加し事業を拡大していくことを想定した場合、現在、九州地域には強みと課題が同時に存在する。本節では、九州地域の強みの整理・課題の抽出をした上で、対策をとりまとめる。

１）九州地域の強み

九州地域の特徴を活かしたビジネス展開が可能

脱炭素ビジネスの中のいくつかの領域については、九州地域の特徴を活かすことで取り組みが進められている。太陽光発電に関連したビジネスは、そもそもわが国において九州地域の日照時間が長く、そのために発電所の大量導入が進んだという特徴がビジネスの背景にある。洋上風力発電については、北部九州の海上の風況が恵まれているという特徴、海洋エネルギー利用については、九州地域の海岸線延長が全国の４割程度を占めるという「海へのアクセスのしやすさ」という特徴、水素利用については、苛性ソーダや石油精製などコンビナートの集積（主に山口県）による高純度の水素供給能力の高さという特徴が背景にある。蓄電池ビジネスについては、太陽光発電の大量導入と余剰電力の存在が影響している。焼酎粕を次世代電池の電極材とする開発プロジェクトの実施についても、鹿児島県に焼酎産業が集積していることが影響している。

脱炭素ビジネスの領域が九州地域の特徴と紐付いていることは、企業にとってその特徴へのアクセスや利活用が容易となることから、自社の企業戦略の中に脱炭素ビジネスを位置づけしやすくなることが期待される。また、後述する「研究・実証試験の場としての機能」に対しても追い風となる。

研究・実証試験の場としての機能やビジネスに貢献する大学や高専の存在

前節で触れたとおり、脱炭素ビジネスのいくつかの領域については、研究開発や実証試験の段階にある。九州地域は、一部のプロジェクトでは脱炭素ビジネスの研究・実証試験を進める場として機能しており、そこに参加する大学や高専が複数存在する。

例えば、スマートグリッドやマイクログリッドといった、いわゆる地域でのエネルギーマネジメントの研究開発や実証試験については、北九州市が2010年という早い段階で国の次世代エネルギー・社会システム実証を行う地域に選定[17]され、「北九州スマートコミュニティ創

[17] 全国20カ所の応募に対して、４カ所が選定された。北九州市以外では、横浜市、愛知県豊田市、けいはんな（京都府）

造事業」に取り組むことで進められた。同事業では、地域全体の電力需給状況に応じて、地域内のエネルギーを賢く使いこなす仕組みである地域エネルギーマネジメントシステムが構築され、また、需要家側から制御を促すダイナミックプライシングやインセンティブプログラムの仕組みを活用することで、地域全体の低炭素化の実証に取り組んだ。海洋エネルギーについては、前述した浸透圧発電以外にも、鹿児島県口之島沖における水中浮遊式海流発電システムの実証試験（(株) IHI（東京都江東区）と NEDO による実証)、沖縄県久米島における海洋温度差発電の実証など、複数の実証試験が展開されてきた。水素エネルギーについては、九州大学が2009年に同大学の伊都キャンパス内に水電解方式の水素ステーションを設置して以来、FCV や大型燃料電池を活用した社会実証を続けており、大分県では前述した低コストでのグリーン水素製造の実証が県内で進められている。

前節で紹介したビジネス領域では触れていないが、他にも、脱炭素に貢献する素材開発(素材による脱炭素ビジネス）において、九州地域では産学連携により研究が進んでいる。例えば、宇部興産（株）（宇部市）は、産業廃棄物を活用し、火力発電所や工場から排出されるCO_2を資源へ転換する技術開発について、NEDO のプロジェクト「カーボンリサイクル・次世代火力発電等技術開発／CO_2排出削減・有効利用実用化技術開発／炭酸塩、コンクリート製品・コンクリート構造物への CO_2利用技術開発」について、出光興産（株）（東京都千代田区)、日揮グローバル（株）（横浜市西区)、日揮（株）（横浜市西区)、成蹊大学（東京都武蔵野市)、東北大学（仙台市青葉区）による産学連携で取り組んでいる。また、発電所で石炭を燃焼する際に生じる灰（フライアッシュ）の関連製品を製造・販売を実施する（株）リュウクス（うるま市）は、琉球大（沖縄県中頭郡西原町）　との共同研究で、パームヤシ殻（PKS）などの木質バイオマスの燃焼灰をコンクリートに混ぜて高品質ものとする技術を開発した。セメントの一部を PKS の燃焼灰に置き換えることで CO_2を削減することが可能となる。

研究・実証の場として九州地域が選択された場合、関連する設備や装置が先行して配置されることになるため、ビジネスに移行する段階で地域や参入企業にとって有利になるであろう。

加えて、脱炭素ビジネスの研究・実証や事業化に関係する企業の一部は、大学や高専の知をビジネスに活かそうとする動きがみられる。協和機電工業（株）は、浸透圧発電の研究・実証において東京工業大学や長崎大学と連携しており、大分県におけるグリーン水素製造の実証においては、関係する企業群と大分高専との連携により取り組まれている。

セルロースファイバー断熱材を開発・提供する（株）デコスは、デコスファイバーの吸放湿性能の品質性能試験および実棟における測定分析については、九州大学（尾崎教授）との５年間の共同研究を進めた。共同研究の結果、デコスファイバーの優れた調湿性能が確認されたことで、今後一層、同社の断熱材の販売拡大が期待される。

事業化前の研究・実証段階ならびに事業化後の検証で大学の知が入ることで、脱炭素ビジネスに取り組む企業の事業化／事業の加速が期待される。

ビジネスをリードする企業・先進的な企業の存在（研究・実証に参加する域外企業含む）

また、九州地域には、脱炭素ビジネスを企業戦略の中に位置づけ、脱炭素ビジネスと研究・実証試験をリードする企業が、域外企業を含めて存在することも強みとしてあげられる。

水素エネルギーについては、清水建設（株）と（株）大林組という大企業が大分県での研究・実証試験をリードしているといえる。蓄電地システムを開発・提供する（株）正興電機製作所は、20年前というかなり早い段階からビジネスに参入し、かつては全国シェア80%を占めていた、業界を代表する企業である。低層向けZEBとZEHを供給するエコワークス（株）は、2030年温室効果ガス排出量ゼロ企業を目標に掲げ、九州に本社を構える企業としては初めて「SBT（Science Based Targets）イニシアチブ[18]」の認定を取得したり、国土交通省「サステナブル建築物等先導事業」など、国の事業に数多く採択されるなど、脱炭素ならびに脱炭素ビジネスについて、数多くの外部評価を得ている先導的な企業である。

脱炭素ビジネスをリードする企業・先進的な企業が地域に存在する、ないし九州地域で積極的な活動をすれば、その企業をベンチマークにしたり、その企業をマグネットとしたプロジェクトの組成などを通して、脱炭素ビジネスが活発になることが期待される。

2）九州地域／企業の課題と対策

今後の脱炭素ビジネスの展開にあたって、九州地域には複数の強みが存在するが、一方で複数の課題も存在する。

①知識・情報・ノウハウ不足への対応

アンケート調査によると、現在ならびに今後、脱炭素ビジネスに取り組む際の課題について聞いたところ、「知識・情報・ノウハウの不足」（58.9%）が最も高く、第2位と19%pt差がある突出した課題となった（図表2-31）。これまで脱炭素ビジネスに関わってこなかった企業は、そもそもビジネスの知識やノウハウがないため、このような回答結果となったことが予想される。加えて、すでに脱炭素ビジネスに参入している企業へのヒアリング調査では、自社が提供する製品やサービスを必要とする企業に関する知識・情報不足への対応、製品・サービスを提供するためのコスト抑制に必要なノウハウ不足への対応を課題とした企業が多かった。

第2位は「費用対効果が不明」（39.9%）である。ただし、この課題については、知識やノウハウの不足により参入後の売上が想定・イメージできないことから、費用対効果が不明とするケースがみられるため、知識・情報・ノウハウ不足と連動する課題であり、これらの習得である程度カバーできる。ただし、現在脱炭素ビジネスの研究・実証に参加している企業の中には、研究・実証後の実ビジネスになった際の価格設定ならびに必要な数量が充分にイメージできていないことで、費用対効果がまだみえていない、ということを課題とするケー

[18] 気候変動対策に関する情報開示を推進する機関投資家の連合体であるCDP、国際環境NGOの世界資源研究所（WRI）と世界自然保護基金（WWF）、国連グローバル・コンパクト（UNGC）によって2014年9月に設立され、科学的根拠に基づく削減のシナリオと整合した企業のCO_2排出削減目標を認定している

図表２-31　脱炭素ビジネスに取り組む際の課題

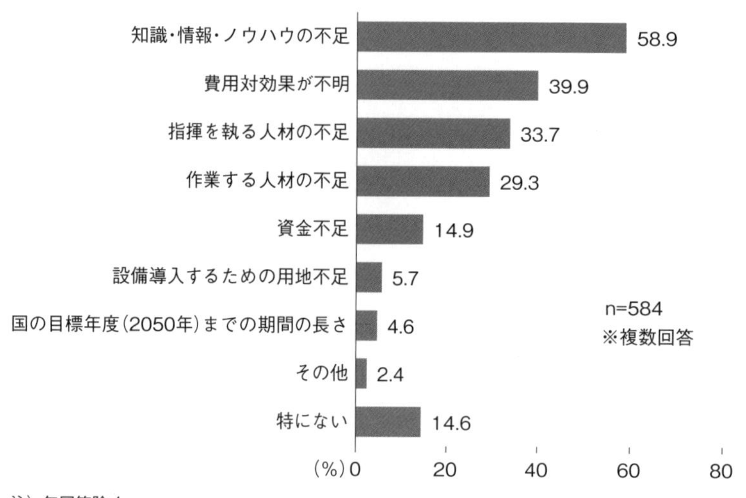

注）無回答除く
資料）九経調アンケート

スがみられた。

課題解消のためには、すでに脱炭素ビジネスに取り組み、成果を挙げている先進事例の知識やノウハウを企業が学び、共有することが必要である。九州地域の強みでもある脱炭素ビジネスにおける産学連携・プロジェクト紹介も、企業にとっての知識やノウハウになるだろう。すでに脱炭素ビジネスに参入している企業であれば、成長のヒントになることが期待される。また、脱炭素ビジネスに未参入の企業であれば、ビジネスに対するある種の啓発活動となるため、自社の企業戦略に脱炭素ビジネスを位置づけるか否かの判断材料となる。

②九州地域での研究・実証試験の加速

九州地域が脱炭素ビジネスに関する複数のプロジェクトにおいて研究・実証試験の場として機能していることは九州の強みである。しかし、九州地域での研究・実証試験については、今後さらに案件を増やしたり関係する九州地域の企業や研究機関を増やしたりして加速させ

図表２-32　NEDO の研究開発と実証における年度別件数

（単位：件（上段）、%（下段））

年度	全体件数	九州地域	北海道	東北地方	中国地方	関東地方
2020	179	18	3	19	7	135
2019	72	4	3	7	9	53
2018	116	15	6	15	4	90
2017	54	6	0	5	3	42
2016	16	2	1	1	0	12
2020		10.1	1.7	10.6	3.9	75.4
2019		5.6	4.2	9.7	12.5	73.6
2018		12.9	5.2	12.9	3.4	77.6
2017		11.1	0.0	9.3	5.6	77.8
2016		12.5	6.3	6.3	0.0	75.0

注１）NEDO の公募情報で採択が決定した「エネルギー」「環境」分野の全体件数（研究開発と実証）を年度別にカウント。うち、各案件に参加する企業や研究機関（大学、高専など）のうち、各地方に立地する企業（本社）と研究機関を地域別にカウント
注２）１つの案件に複数の企業と研究機関が参加するケースが存在すること、表に掲載していない地方が存在するため、各地方の合計値は全体件数とは一致しない
注３）東北地方：青森県、岩手県、宮城県、秋田県、山形県、福島県、中国地方：鳥取県、島根県、岡山県、広島県、山口県、関東地方：茨城県、栃木県、群馬県、埼玉県、千葉県、東京都、神奈川県
資料）NEDOWeb サイトより九経調作成

ていくことが必要である。

NEDOのプロジェクト公募において、「エネルギー」「環境」分野における研究開発と実証に関する件数をカウントすると、プロジェクトの4分の3は、関東地方の企業や研究機関が関係した案件である（図表2-32）。九州地域については、全体件数に対して1割程度の案件において九州地域の企業や研究機関が関係している。「1割経済」である九州地域の特徴を考慮すると、少なくはないが多いともいえない。今後、こうしたプロジェクトに参画する九州地域の企業や研究機関が増えることで、九州地域が研究・実証試験の場として更に選ばれるようになることが求められる。

課題解消のためには、行政によるNEDOなどのプロジェクトの公募案件の周知徹底、また、九州地域内の産学連携による研究・実証試験を加速させるために、産業界や行政によるオープンイノベーションなどによる産学連携の支援の強化が求められる。また、一部の脱炭素ビジネスでは、IT技術やデジタル技術が必要になるため、これらの技術に明るいスタートアップやベンチャー企業に対する支援に力を入れることも必要となる。

③マーケットの開拓（提供する製品・サービスのコスト低下への対応）

ビジネス領域の違いに関わらず、多くの脱炭素ビジネスに共通する課題は、現時点で提供する製品やサービスが、コスト高になることである（FIT制度により政策的に導入コストを下げた太陽光発電などを除く）。例えば、製造業においてカーボンオフセットされた製品を開発・提供するという脱炭素ビジネスを進めるためには、燃料の削減、現在では高コストとなる再生可能エネルギー由来の電気への転換に加えて、調達する素材の脱炭素、輸送手段の脱炭素に取り組む必要がある。これは通常の製造よりもコストがかかるため、価格も高価となる。特に、研究開発段階に位置するビジネス、製品化・サービス化に取り組み始めたビジネスについては顕著である。

課題解消のためには、短期的には脱炭素ビジネスに資する製品やシステム、サービス導入に関するマーケットを政策的に拡大することである。具体的には、太陽光発電におけるFIT制度のような普及のインセンティブを高めることや、導入補助金の導入などが該当する。間接的な効果となるが、優れた製品やサービスに対する表彰制度の導入・拡充も、マーケットの拡大に寄与するだろう。また、多少の回り道となるが、これから脱炭素に取り組み始める企業と、脱炭素ビジネスを展開する企業のマッチングにより市場拡大を進めることも必要となる。

第3章

ビジネスの変革を目指す デジタル化戦略

新型コロナウイルス感染拡大を通してわが国のデジタル化への立ち後れが明らかになることで、2020年以降、社会全体でデジタル化が大きく進展した。企業においては、業務効率化に加え、ビジネスモデルの変革や製品・サービスの在り方を根本から変える、いわゆるDX（デジタルトランスフォーメーション）への取り組みも加速した。今やデジタル化は、一時的な取り組みではなく、アフターコロナにおいて成長を目指す企業戦略に不可欠な要素となりつつある。

本章では2021年版白書の調査結果を踏まえつつ、今回実施したアンケート調査結果から九州地域企業のデジタル化の取り組み状況を把握したうえで、業務効率化にとどまらないDXを進める企業群の特徴を抽出する。そして、デジタル化を加速させるためのポイントと、企業がデジタル化を進めるうえでの課題とその対策をまとめる。

なお、デジタル化は、アナログ情報をデジタルデータ化する「デジタイゼーション」、業務プロセスをデジタル化する「デジタライゼーション」、企業活動全体や社会システム全体をデジタル化し変革する「DX（デジタルトランスフォーメーション）」の3区分で整理が可能であるが、本章では、これらすべての意味を含めて「デジタル化」と表記し、特に区別して言及すべき場合に「DX」と表記する。

1 わが国のデジタル化の現状

コロナ禍によるデジタル化の遅れの顕在化

新型コロナウイルス感染拡大を通して、企業や社会のデジタル化の必要性が再認識されたが、同時にわが国のデジタル化の遅れが明らかになった。デジタル化の遅れについては、2021年版白書でも触れたような行政だけではなく、わが国の企業でもみられた。コロナ禍により普及が進んだ、デジタル化の1手段であるテレワークの実施率の推移については、緊急事態宣言時には実施が進む一方で解除後には低下しており、また比較的実施が進む大企業に比べると中小企業の実施率は常に20～30%pt程度低い（図表3-1）。クラウド利用率については順調に増加しているものの、コロナ禍の2020年においても全社的に利用している企業は4割弱にとどまっている（図表3-2）。

図表３-１　わが国企業のテレワーク実施率（企業規模別）

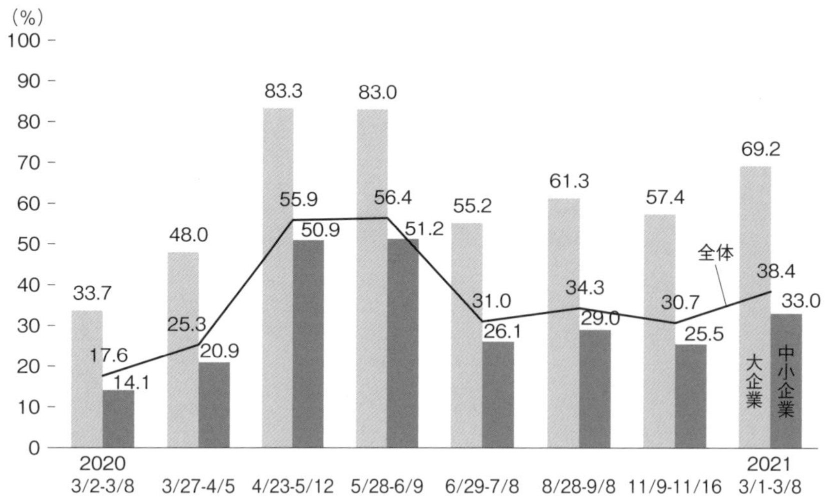

資料）総務省「令和３年版情報通信白書」

図表３-２　クラウドサービスの利用状況

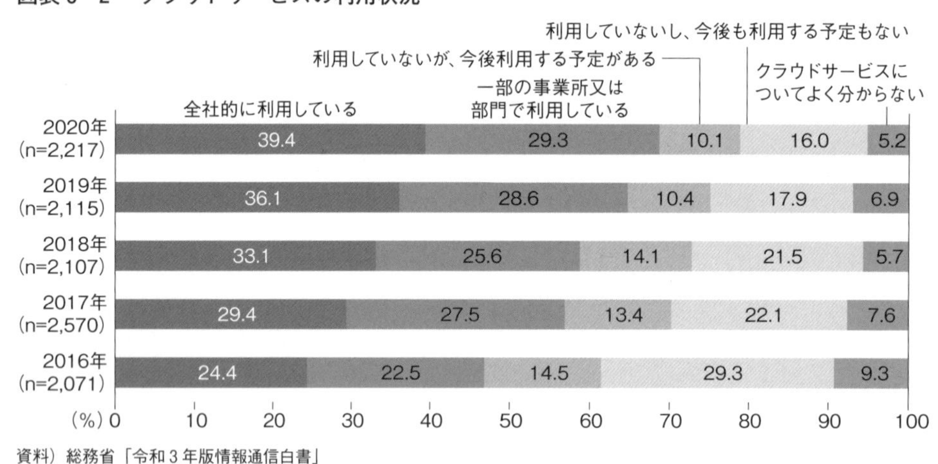

資料）総務省「令和３年版情報通信白書」

米独に比べると進展が遅れるデジタル化

わが国でのデジタル化の遅れは、外国に比べるとより明確になる。2021年２～３月にわが国とアメリカ・ドイツの企業に対してWebアンケートを実施した、（株）情報通信総合研究所（東京都中央区）の調査報告書によると、DXに必要な取り組みを実施している企業（DX進展度１～３の合計）の割合について、アメリカとドイツでは、製造業・非製造業を問わず５～６割程度を占めているのに対して、わが国は１割強にとどまる（図表３-３）。コロナ禍を契機にデジタル化が進んだわが国であるが、アンケート回答企業に占める大企業の割合の違いを考慮しても、アメリカとドイツに比べるとDXの進展はまだ遅れているといえる。

図表３‐３　日米独のDX進展度の比較

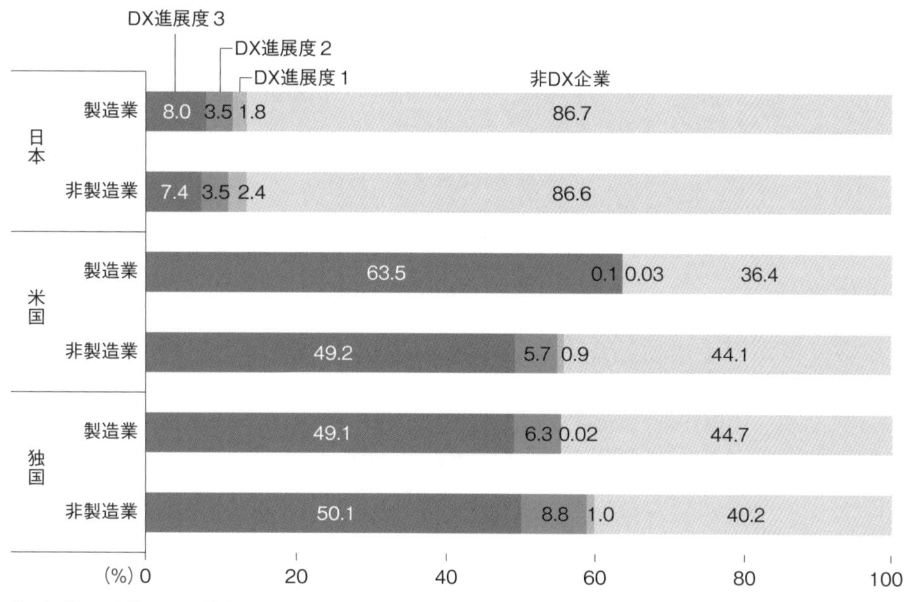

注１）非DX企業：DXに対応していない企業、DX進展度１：現在までDXに必要な取り組みをアクションとしてまだ起こしていない、ないしデジタル化をDXと捉えている企業、DX進展度２：コロナ禍前の2019年度にはDXに必要な取り組みを実施していないが2020年度に実施している企業、DX進展度３：2019年度からDXに必要な取り組みを実施している企業
注２）日本のアンケート回答企業は2,093社（うち大企業が1,068社）、アメリカのアンケート回答企業は504社（うち大企業が323社）、ドイツのアンケート回答企業は539社（うち大企業が345社）
注３）元資料では、実際の産業規模別の企業分布とアンケート調査で回収した企業分布が異なるため、実際の産業規模別の構成比に合わせて重み付けをし、再集計するウエイトバック（WB）集計が実施されている
注４）2021年２～３月にかけての調査
資料）（株）情報通信総合研究所「デジタル・トランスフォーメーションによる経済へのインパクトに関する調査研究の請負　報告書」

デジタル化と企業の生産性

わが国の企業の労働生産性は、主要国に比べると低くなっている。OECD加盟国における労働生産性のランキング（2020年）をみると、わが国は38カ国中28位であるがＧ７の中では最下位である（図表３‐４）。Ｇ７の中でトップであるアメリカと比較すると、わが国の生産性はアメリカの56％程度にとどまっている。

デジタル化の具体的なツールであるクラウドサービス利用の有無・テレワーク導入の有無と労働生産性の関係をみると、過去10年間、クラウド利用・テレワーク導入企業はそうではない企業を常に上回っている（図表３‐５）。

わが国の企業におけるDXの進展度と2019年度から2020年度にかけての売上高の増減の変化をみたところ、DXの進展度が低い「DX進展度１」の企業は、コロナ禍で売上高が増加したのは全体の２割強にとどまるが、進展度が高い「DX進展度３」の企業は、全体の半数に迫っている（図表３‐６）。コロナ禍においてデジタル化に本格的に取り組む企業は売上高増加の可能性が高くなり、そうではない企業は売上高が伸び悩むないし減少の可能性が高くなるといえる。

以上より、わが国の労働生産性が低く、かつ企業が成長していない要因の１つは、「デジタル化が進んでいないこと」といえる。従って、九州地域企業のアフターコロナの企業戦略として、デジタル化戦略は不可欠なものとなっている。

図表３－４　OECD加盟国の労働生産性ランキング（2020年）

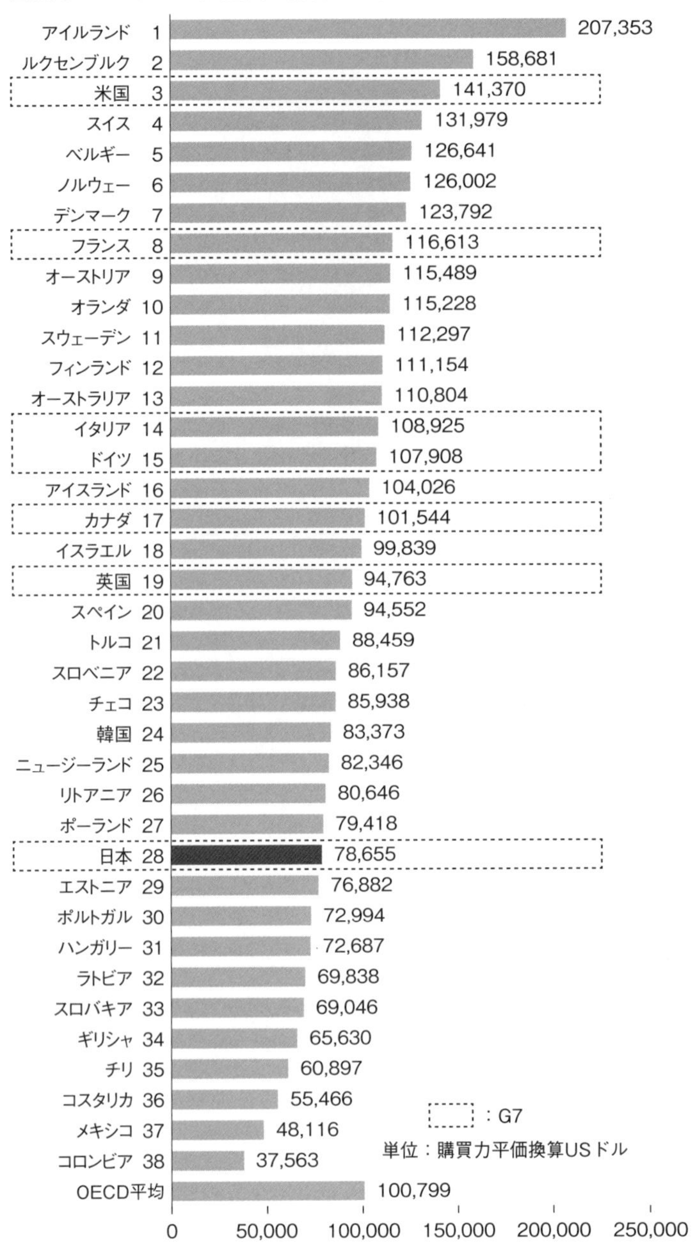

資料）日本生産性本部「労働生産性の国際比較2021年版」

図表３－５　クラウドサービスと労働生産性の関係（左）とテレワークと労働生産性の関係（右）

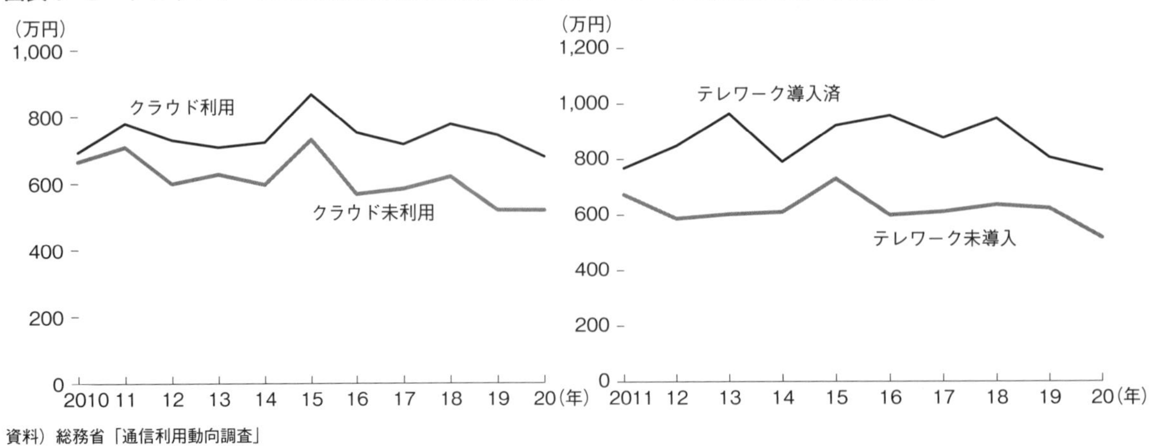

資料）総務省「通信利用動向調査」

図表３‐６　DX の進展度と売上高の増減の関係

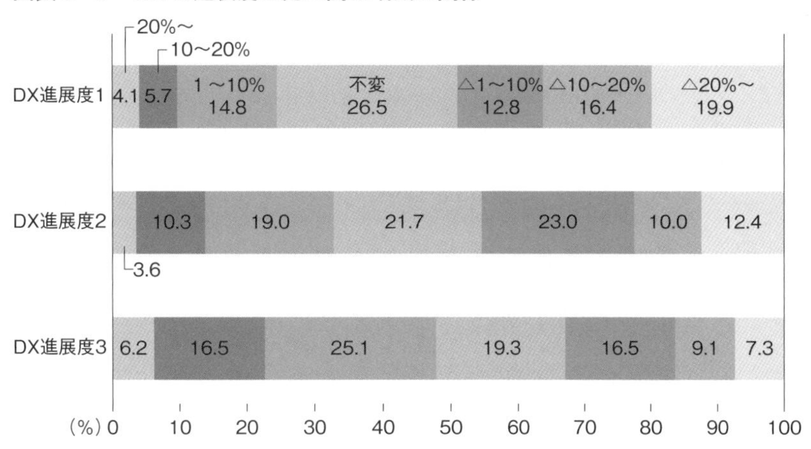

注１）DX 進展度１：現在まで DX に必要な取り組みをアクションとしてまだ起こしていない、ないしデジタル化を DX と捉えている企業、DX 進展度２：コロナ禍前の2019年度には DX に必要な取り組みを実施していないが2020年度に実施している企業、DX 進展度３：2019年度から DX に必要な取り組みを実施している企業
注２）数値は2019年度と2020年度の売上高の増減割合
注３）元資料には（2019年度と2020年度の売上高の増減について）「わからない」と回答した企業があったが、「わからない」は省略の上再計算している
注４）2021年２月の調査
資料）（株）情報通信総合研究所「デジタル・トランスフォーメーションによる経済へのインパクトに関する調査研究の請負　報告書」より九経調作成

2　九州地域企業のデジタル化の取り組み状況

本節では、2021年９月に実施したアンケートと、一部2021年版白書のアンケート（2020年９月実施）の調査結果を用いて比較しつつ、2020年から2021年にかけての九州地域企業のデジタル化の進展状況や傾向を確認する。

デジタル化はコロナ禍を契機として加速

アンケートに基づいてコロナ禍前後でのデジタル化の進捗を比較すると、コロナ禍前が「ある程度進んでいる」「進んでいる」「かなり進んでいる」を合わせて32.8%であったのに対して、コロナ禍以降では51.2%と半数を超えており、コロナ禍を契機としてデジタル化が加速している（図表３‐７）。企業規模別にみると、301人以上では、「ある程度進んでいる」「進

図表３‐７　コロナ禍前後でのデジタル化の進展状況

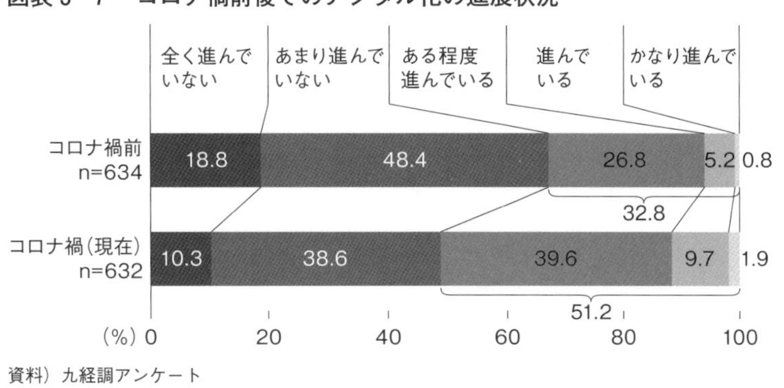

資料）九経調アンケート

んでいる」「かなり進んでいる」が合わせて74.3%であるのに対し、300人以下の企業ではいずれも50%以下となっており、中小企業ほど進捗度が低い状況にある（図表3-8）。

図表3-8　デジタル化の進展状況（現在、従業員規模別）

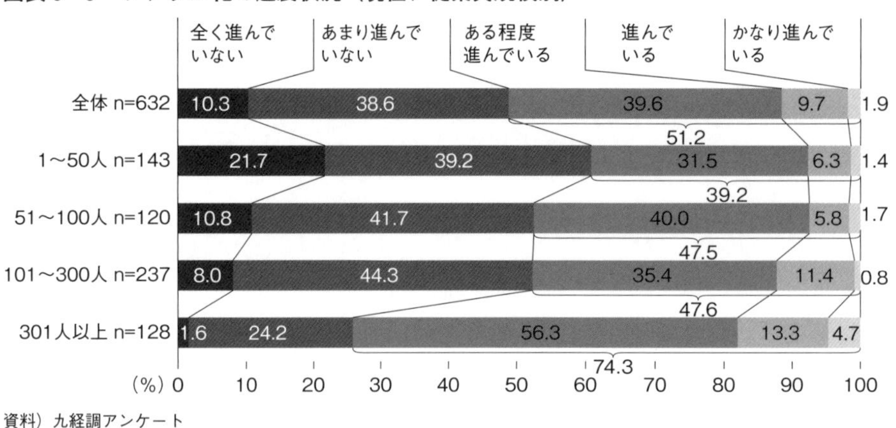

資料）九経調アンケート

コロナ禍への対応にかかわるデジタル化が進展

現在のデジタル化の具体的な取り組みを確認すると、「社内情報の電子化・ペーパーレス化」が58.5%で最多であり、以下「リモートワークの導入」が40.2%、「グループウェア・プロジェクト管理ツール導入」が30.8%と続いており、主にコロナ禍での外出自粛や接触機会削減への対応を契機としたデジタル化が進んでいる。2021年版白書アンケート調査結果におけるコロナ禍前の状況と比較すると、先述したコロナ禍への対応のほか、「旧来型の基幹システムの維持更新」「電子決裁の導入」が大きく伸長している（図表3-9）。また、「ERP[1]（統合基幹業務システム）の導入（業務の属人化の防止）」「AIと顧客情報（購買履歴等）による新製品・新サービス開発」「AIやビッグデータを用いた需要予測」など、ERPやAI、ビッグデータを活用したデジタル化の取り組みは、全体ではいずれも1割以下と少ないものの、デジタル化が進んでいる企業（図表3-7デジタル化の進展状況のうち、「かなり進んでいる」「進んでいる」を選択した企業）に限定すると、全体よりも大幅に高い。また、「デジタルオペレーション（業務フロー可視化）の導入」は全体と進んでいる企業で差が大きく、DXに向けた取り組みの前提として重要な要素であることがうかがえる（図表3-10）。

[1] ERPとは、Enterprise Resources Planningの略であり、企業の基幹情報を一括管理する統合基幹業務システムを指す

図表３-９　具体的なデジタル化

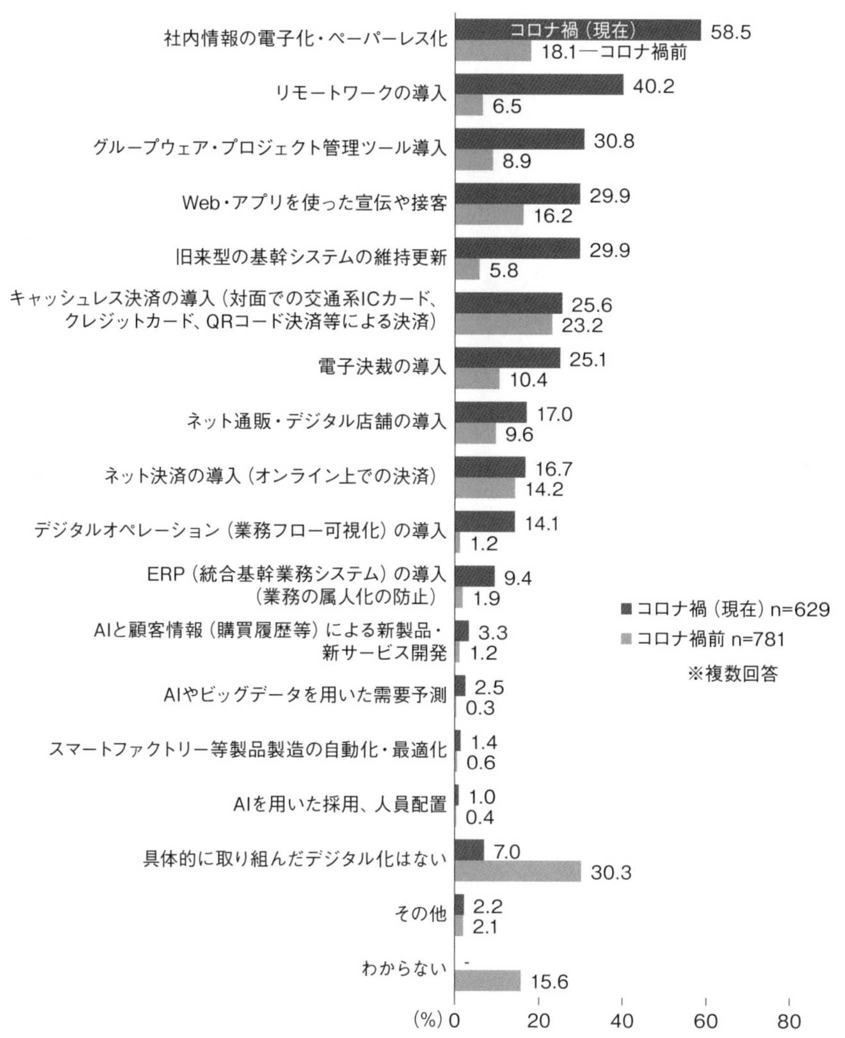

注１）「コロナ禍（現在）」は、2021年９月実施したアンケートにおいて、現在の取り組みを尋ねた回答、「コロナ禍前」は2021年版九州経済白書の2020年９月実施のアンケートにおいて、新型コロナ感染拡大前から実践している取り組みを尋ねた回答
注２）「わからない」は2021年版九州経済白書アンケートのみの選択肢
注３）「具体的に取り組んだデジタル化はない」は、2021年版九州経済白書アンケートでは「具体的に取り組んだDXはない」
資料）九経調アンケート

図表3-10　具体的なデジタル化（デジタル化進捗度別）

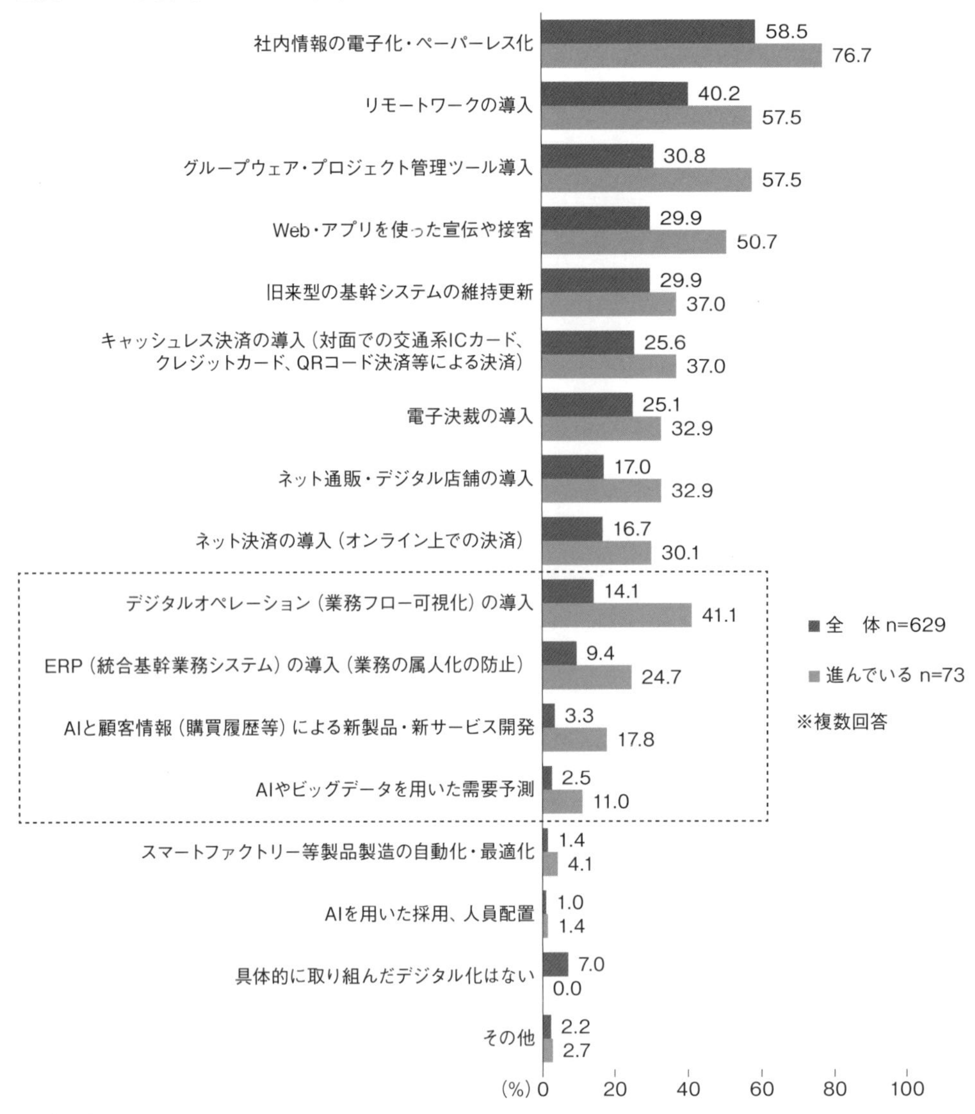

資料）九経調アンケート

新事業創出やビジネスモデルの変革を目指したデジタル化は少ない

アンケートによると、デジタル化の目的は図3-11の通り、「間接部門の業務効率化」が71.7%と圧倒的に多く、「生産／サービス効率の向上」が46.0%と続くなど、既存のビジネスモデル内の効率化が主となっている。一方、「新製品・新サービス・新事業の開発」「ビジネスモデル（収益源）の抜本的改革・変更」といったDXにつながる目的については10%程度にとどまっている。

図表３-11　デジタル化の目的

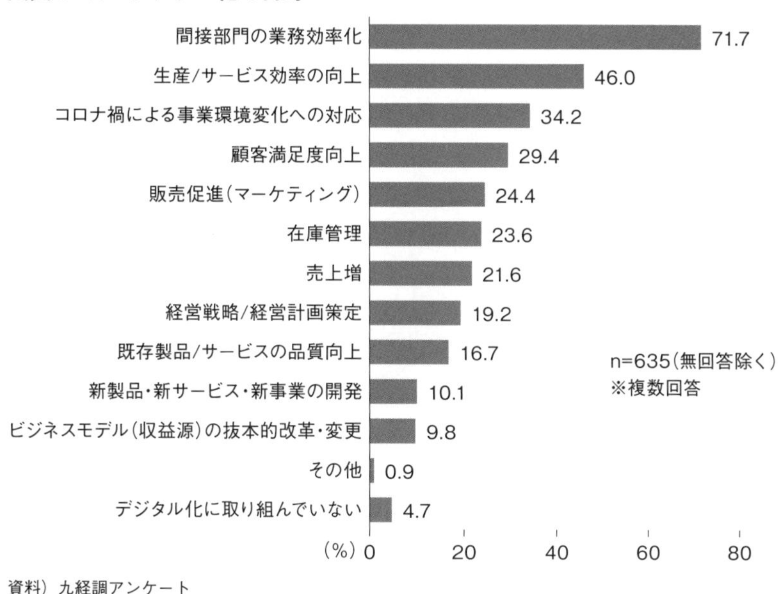

資料）九経調アンケート

最大のボトルネックは「人材不足」も、デジタル化の進捗に応じて課題感に差異

図表３-12　デジタル化の課題（デジタル化進捗度別）

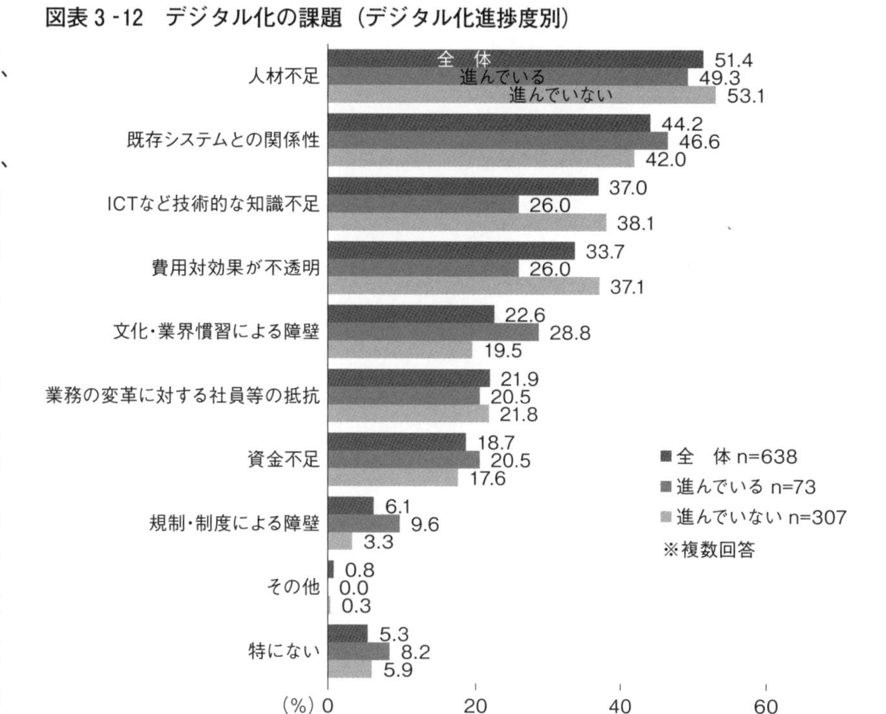

注）「進んでいる」は、図表３-７デジタル化の進展状況のうち、「かなり進んでいる」「進んでいる」を選択した企業、「進んでいない」は、図表３-７デジタル化の進展状況のうち、「全く進んでいない」「あまり進んでいない」を選択した企業
資料）九経調アンケート

デジタル化を進めるうえでの課題について、全体では「人材不足」が51.4％で最多であり、九州地域の多くの企業にとってデジタル化推進のボトルネックになっている。

一方、デジタル化の段階に応じて、課題に違いもみられる。デジタル化が進んでいない企業においては、「ICTなど技術的な知識不足」「費用対効果が不透明」が高く、導入の検討段階においては知識不足が特にボトルネックとなっていることがうかがえる。一方、進んでいる企業では「文化・業界慣習による障壁」が比較的高く、デジタル化を具体的に進めるなかで表面化してくる課題であるといえる。（図表３-12）

3　九州地域のデジタル化先進企業５事例にみる成功のポイント

2021年版白書では、DX 実践企業の先進事例として、製造業では（株）三松（筑紫野市）と（株）タケマン（糸島市）、非製造業では（株）トライアルカンパニー（福岡市東区）、（株）グッデイ（福岡市博多区）、サポート企業として（株）オプティム（本社：東京都港区・本店：佐賀市）、（株）グルーヴノーツ（福岡市中央区）、LINE Fukuoka（株）（福岡市博多区）などを取り上げた。今回は、アンケート調査や新聞記事などをもとに、業務プロセスの全体最適やビジネスモデルの変革、新規事業の創出を目的としたデジタル化に取り組む九州地域の５つの先駆的な非 IT 企業（以下、デジタル化先進企業）を取り上げ、デジタル化成功のポイントを明らかにしたい。

１）九州地域におけるデジタル化先進企業の取り組み

①多様な顧客接点の創出により顧客体験価値の向上を図る企業：

新生堂薬局（福岡市南区）

（株）新生堂薬局は福岡県を中心に調剤薬局、ドラッグストアをチェーン展開する、従業員約1,400名の企業である。同社は2021年に博多駅内に「DX 調剤薬局」を開設し、診療・処方に対する時間的制約が大きいオフィスワーカーに適合した店舗を実現し、新たな顧客の獲得を目指している。具体的には、顧客自身によるロボットモニターでの注文や、指定された薬を AI ロボットが棚から取る仕組みにより、従来薬剤師が行っていた作業を削減し、顧客の待ち時間の短縮と服薬指導などの時間の確保を実現すると同時に、都心の限られたスペースにおいても人の動線を減らすことで充実した品揃えを実現した。さらに、スマートロッカーの仕組みを用いた「お薬受け取りロッカー」を設置し、事前に対面やオンラインで服薬

図表３-13　ロボットモニターおよびお薬受け取りロッカー

〈ロボットモニター〉

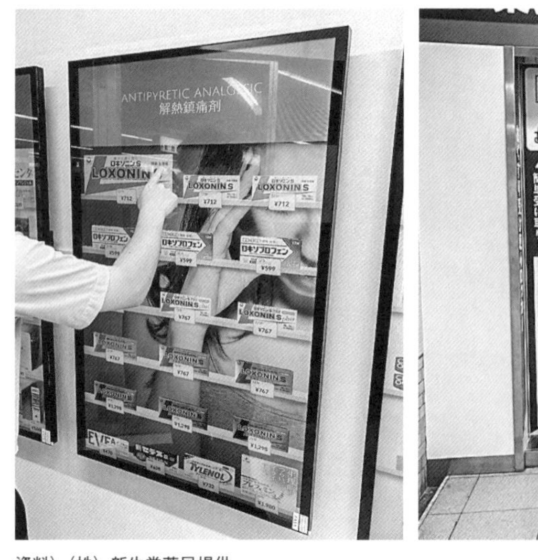

〈お薬受け取りロッカー〉

資料）（株）新生堂薬局提供

図表3-14　（株）新生堂薬局のデジタル化の取り組み

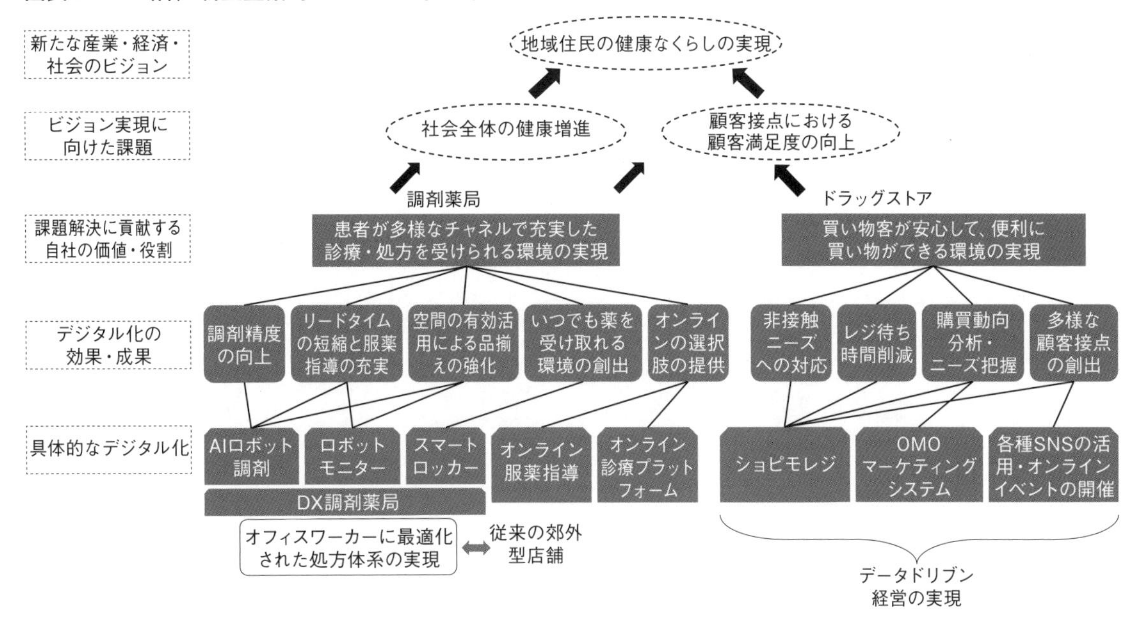

資料）九経調作成

指導を受けていれば、営業時間外にいつでも薬を受け取れるようにし、利便性の向上を図っている（図表3-13）。また、各種オンライン診療プラットフォームへ参加し、オンライン診療から服薬指導、処方薬の受け取りまでをシームレス化することで、誰もが簡単に診療・処方を受けられる環境の整備を進めている。

一方、ドラッグストアにおいては、買い物サポートアプリ「ショピモレジ」の導入を進めている。「ショピモレジ」は買い物客が自身のスマートフォンで商品バーコードをセルフスキャンして買い物を行う仕組みで、コロナ禍での非接触ニーズへの対応、レジ待ち時間の削減、タイムリーなおすすめ情報の提示などにより顧客満足度の向上につなげている。本アプリは（株）物産フードサービス（東京都千代田区）とシステム開発の初期段階から連携しており、現場の声を反映させて自社に最適なシステム開発を進めている。

②デジタル化を通じて業界変革をリードする企業：LTU（大村市）

（株）LTUは、建材卸を中心に、自社建築、リフォーム施工、不動産仲介など、建築関連事業を手がける従業員約100名の企業である。同社は2012年頃からデジタル化に着手した。営業支援と販売管理システムを統合したERP「スタンダードフォース」を自社で開発・導入し、事務の効率化により大幅に残業時間を削減した。

自社のデジタル化のノウハウを業界のサプライチェーンおよび同業他社に広げ、デジタル変革を促進する取り組みも進めている。2019年よりホールディングス化し、システム開発部門を独立させ、システムを外販する新規事業に乗り出している。2022年9月までに上記のERPを同業他社に提供開始する予定である。さらに、部材需給の全体最適や共同物流による輸送コスト削減、情報共有による与信管理の効率化など、建材業界全体の変革を目的として、複数社で同じシステム間でのネットワーク構築を行う実証事業を同業他社と協働で実施している。同社はシステムの外販によりネットワークの中核を担うことを自社の新たな役割と位置づけ、新たなビジネスモデルの展開につなげている。

図表3-15 （株）LTUのデジタル化の取り組み

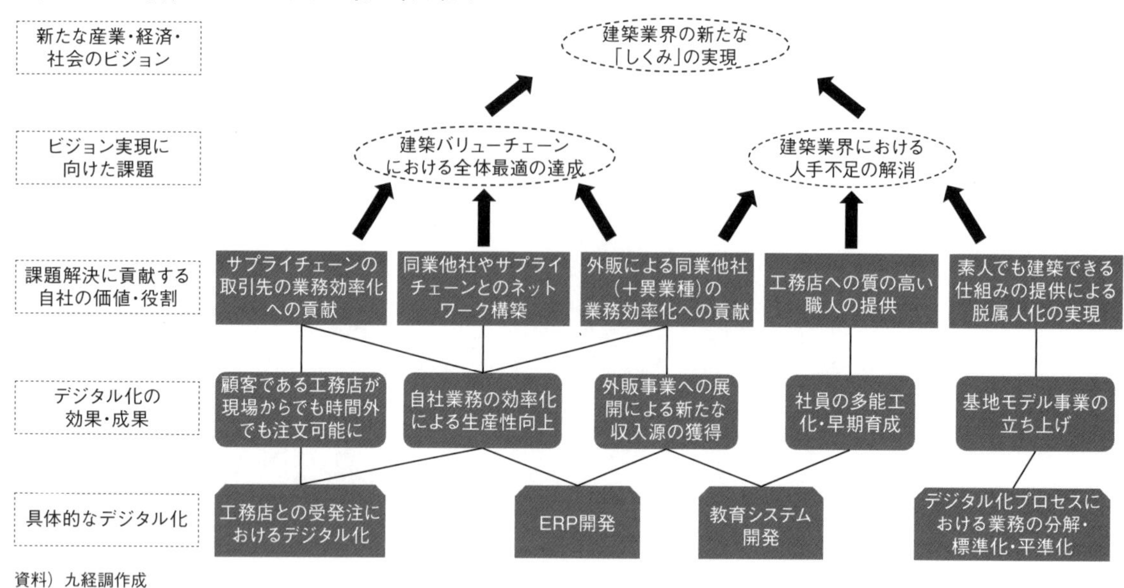

資料）九経調作成

また、工務店へ職人を派遣するサービスを実施しており、効率的に多能工を育成する必要がある。このため自社独自の教育システムを開発し、こちらはすでに全国で販売しており、建築業界を中心に異業種も含めた効率化・人手不足の解消に寄与している。

このほか、顧客である工務店との取引においても、スマートフォンのチャットを用いた発注システムを導入して、現場からでも時間外でも直接発注を可能にするなどデジタル化を推進している。今後はさらにシステム連携を行うことで、川上である建材卸側からプッシュ型の提案や供給を行うとともに、受発注における非効率性を取り除く仕組みづくりを進める予定である。

さらに、デジタル化による作業の平準化・形式知化により、建築の経験が無い人でもDIYで建築できる革新的な建築システム「基地モデル事業」を新規事業として開始し、建築業界の人手不足解消に貢献している。

③実証フィールドを提供することで小売DXを推進する企業：マルイチ（日向市）

（株）マルイチは、宮崎県内に9店舗のスーパーをチェーン展開する従業員約500名の企業である。地域の生産者やメーカーとのつながりを活かし、食材や総菜で独自の品揃えを実現するほか、自社で有機野菜を生産・販売するなど、食を中心に地域に根差した取り組みを進めている。

デジタル化の取り組みとしては、比較的早期にキャッシュレス決済の導入やネットスーパーへの参入を進めてきたほか、近年は多様な企業と連携・オープンイノベーションを図っている。

同社では、買い物の際の「ものさし」を提供することで、判断に迷う苦痛を取り除きつつ、バランスの取れた食生活を促す工夫を凝らしている。シルタス（株）（東京都港区）が手掛ける、購買データを利用した栄養管理アプリ「SIRU＋」を2021年に全店舗で本格導入した。ポイントカードをアプリに連携すると買い物の栄養バランスが可視化され、顧客は栄養バランスを踏まえたおススメの食材やレシピを見つつ買い物ができ、自然に健康的な食生活を実

図表3-16　(株）マルイチのデジタル化の取り組み

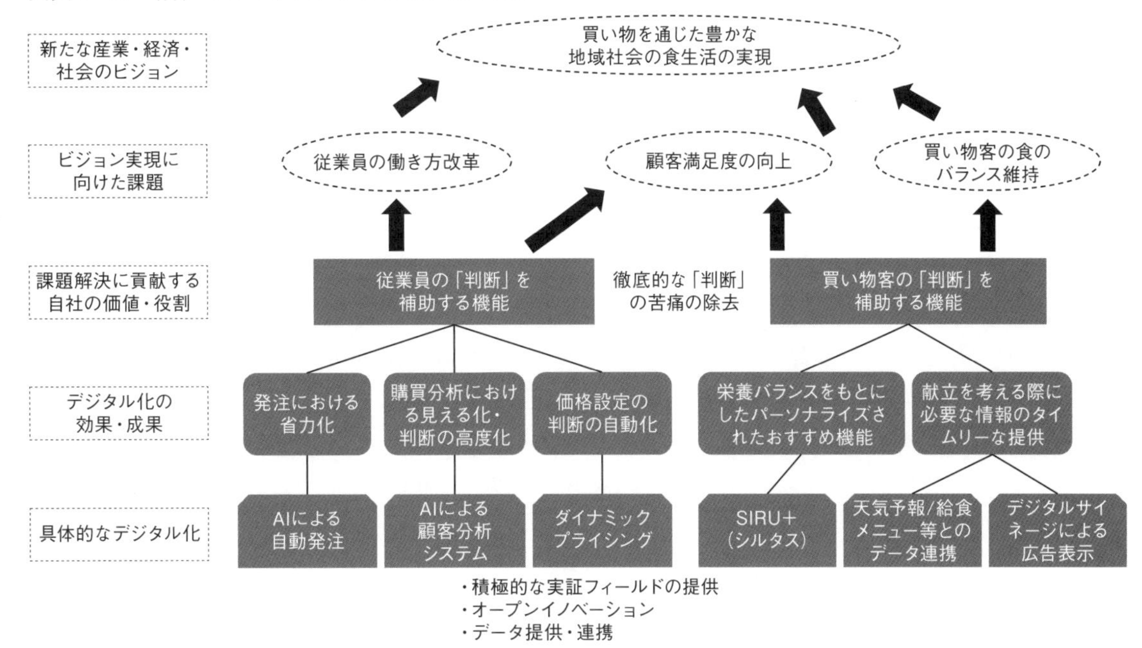

資料）九経調作成

現できる。アプリの開発では、当初から社長自らシルタス（株）の代表と協議を重ね、レシピとの連携やマーケティング手法などについてアドバイスを送るなど、オープンイノベーションの形がとられ、自社の企業理念に沿ったアプリの実現につなげた。加えて、店頭のデジタルサイネージでは、データ連携により、献立を考える際に考慮した方がよい天気予報や学校給食のメニューなど地域情報をおススメ情報とともに表示し、購入判断を助け、顧客体験価値の向上を図っている。

このほか、楽天グループ（株）（東京都世田谷区）と連携してダイナミックプライシングを導入し、価格設定を最適化して売上改善を図っている。さらに、（株）シノプス（大阪市北区）と連携してAIの需要予測に基づいた自動発注による最適化の実施、（株）キーエンス（大阪市東淀川区）と連携して顧客分析システムの導入を行っている。これらにより業務効率化を実現し、余剰時間を売り場環境の改善などに活用して顧客満足度の向上を図っている。以上の取り組みもあり、2020年の売上高は、同一店舗の2014年比で31%増を達成した。

同社は積極的に自社のデータを開示し、実証実験の場として店舗を活用しつつ連携、協働を行うことで、自社のよりよい店舗づくりに役立つデジタル化を、スピード感をもって進めるとともに、小売業全体のデジタル化・DX技術の発展にも寄与し自社に還元する好循環を目指している。

④グローバル市場への進出に向けたデジタル変革を志向する企業：協和機電工業（長崎市）

協和機電工業（株）は、電気設備・水処理設備の設計、製造、設置を一貫して行う従業員約500名の企業である。主な事業は国内の自治体における上下水道の整備であるが、人口減少により日本市場の縮小が見込まれるなか、自らを「環境創造企業」と定義し、環境分野に貢献する事業をグローバルに展開する戦略を掲げている。

同社は上記戦略達成のため、全社で一体的なデジタル化を進めている。（ⅰ）営業～技術提案～受注～設計～製作～工事～試運転～維持管理の全体プロセスを国別・案件別の受注内容（QCD：品質・原価・物流）に合わせて最適化するグローバルなサプライチェーンマネジメント、（ⅱ）業務別のDX戦略、（ⅲ）DXを支える基盤技術の開発の3段階のDX構想を作成し、構想全体を明確化してデジタル化している（図3-17）。

2段階目（ⅱ）の業務別DXのうち、工事分野では、実績工数収集システム（RFID）やドローンによる画像診断、施工管理トータルソリューションシステムや現場の提出資料・写真の一括管理などを行うアプリの導入などを行っている。製造分野では、生産台数の50%増、塗装ラインの生産性50%増などを目標に掲げ、20億円をかけて水処理装置の新工場を建設し、バッチ生産から流れ生産方式への変更、3DCAD/CAMの導入、ロボット・IoTの導入による溶接と塗装のインライン検査・最適化などを実現している。また、水処理プラントの

図表3-17　協和機電工業（株）のDX戦略構想

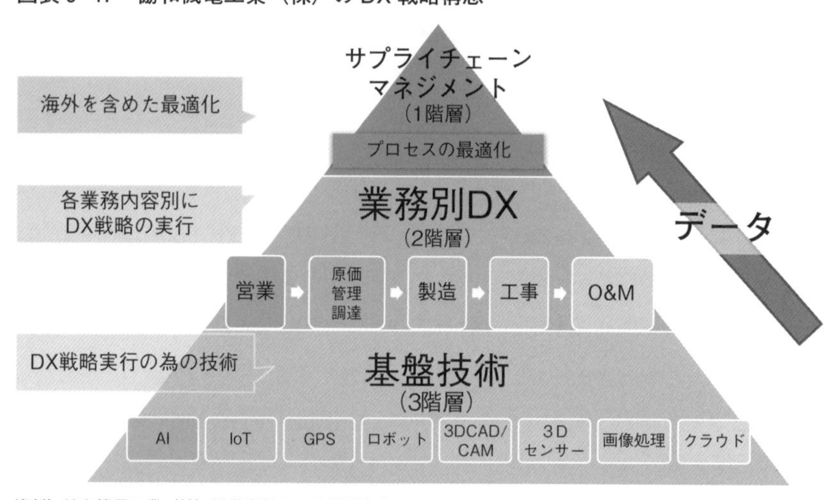

資料）協和機電工業（株）提供資料より九経調作成

図表3-18　協和機電工業（株）のデジタル化の取り組み

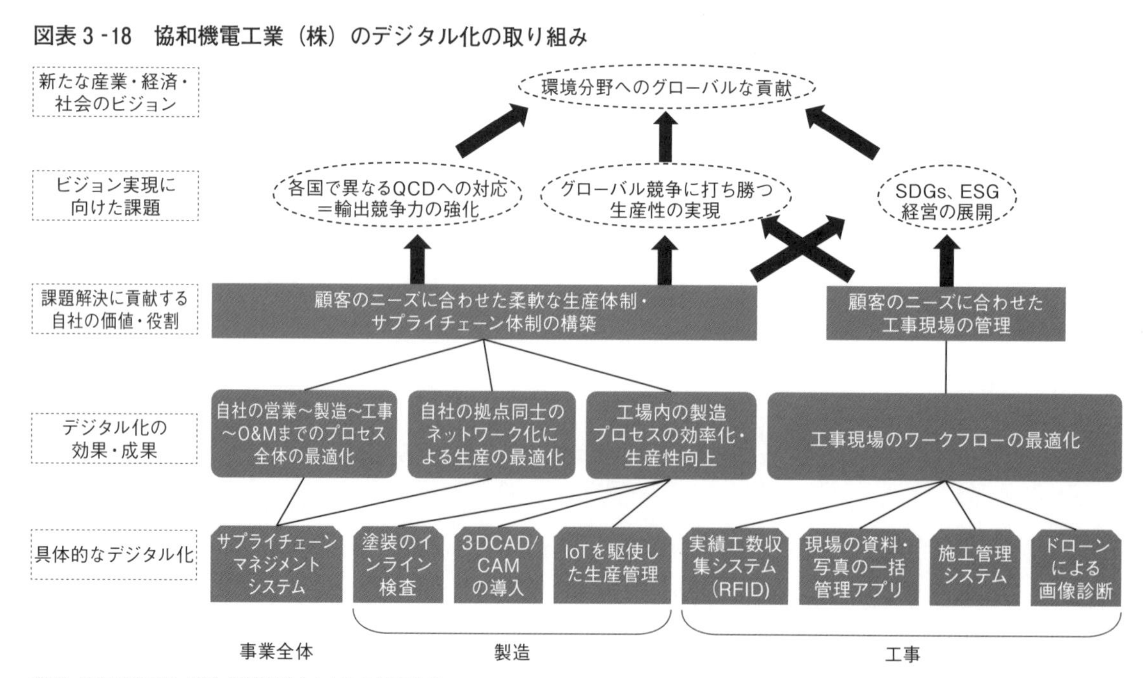

資料）協和機電工業（株）提供資料をもとに九経調作成

O&M（運用および保守）については、IoTとAIを駆使して、マテリアルバランス、エネルギーバランス、マネーバランスの最適解を得るシステムを開発しDXに取り組んでいる。

⑤ニーズ起点のものづくり体系実現に向けたデジタル化を推進する企業：金剛（熊本市西区）

金剛（株）は、主に図書館などの文化施設向けに、丸ハンドル式移動棚など金属製の書架の製造、および関連商品の仕入れ販売を行う従業員約300名の企業である。2016年の熊本地震による工場の被災後、新工場建設にあたり、スマートファクトリー実現のための取り組みを進めている。

デジタル化の進行により書籍などの書架の収納物の減少が予想されるため、従来の大量生産大量消費による低コストの追求ではなく、自社の役割をオーダーメイドで長期間使用できることを通じた顧客体験価値の最大化であると再定義し、ビジネスモデルの変革を目指している。具体的には、従来の限られた規格ではなく、198のパターンから顧客が自由にサイズを選択できる体制づくりを進め、テスト生産を実施している。今後は完全なオープン規格のオーダーメイド型生産を目指している。このために、製造から営業まで一体的なデジタル化に取り組み、プロセス変革を進めている。自社独自のMES（製造実行システム）である「GMS」により、異なるメーカーの製造機械を連携し、生産管理システムと統合することで、各工程の進捗に応じた設備の配分変更や、多様な発注への迅速な対応を実現する柔軟な生産システムを構築している（図表3-19）。一方営業では、ニーズを正確に把握するために、AR（拡張現実）の技術を活用し、例えば顧客が家具を購入する際に顧客自身が寸法を選択して製品をバーチャルで再現し、具体的な設置イメージやサイズ感を確認できるアプリを開発し、すでに実装している（図表3-20）。

また、業界全体の価値向上を目的として、コア技術である移動棚の製造技術のオープン化を進めている。このほか、2011年の東日本大震災の際に東北地方の工場の代替生産を行った経験を踏まえ、デジタル化を進めて平時でも他社の工場とつないだ柔軟な代替生産体制の構築を目指している。代替生産には、リスク管理と同時に、顧客から最短距離の工場が生産することによる物流経費削減の狙いもある。これらは必ずしも直接的に自社の売上に結び付かないが、社会貢献による企業価値向上と業界・社会の発展による最終的な利益の還元を企図

図表3-19　新工場のシステム構成

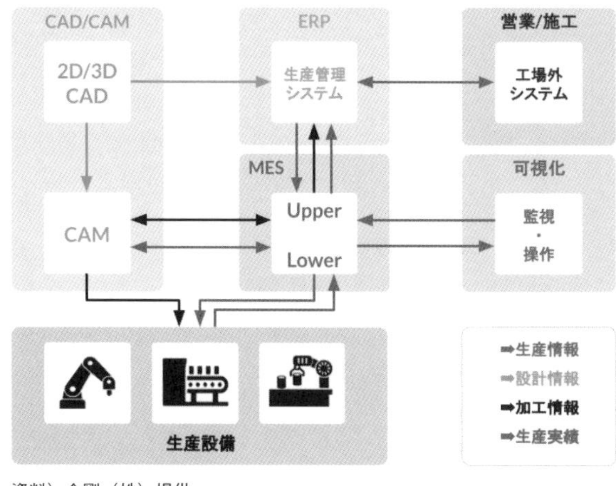

資料）金剛（株）提供

図表3-20　家具をバーチャルで再現するAR（拡張現実）アプリ

資料）金剛（株）提供

図表3-21　金剛（株）のデジタル化の取り組み

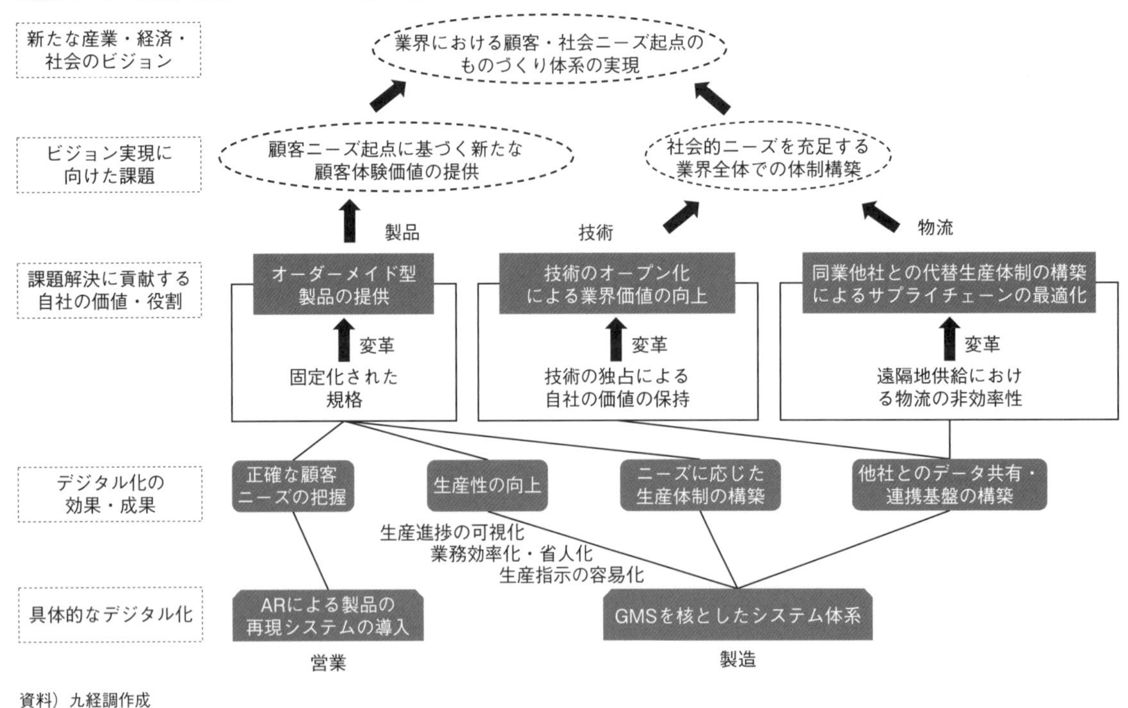

資料）九経調作成

している。これらの実現には他社とのデータ共有の仕組みづくりが重要であるが、先述の「GMS」は開発時点からデータ連携・協業を視野に入れたシステム開発を行っている。

2）成功のポイント

ここでは、1）で紹介したデジタル化先進企業の共通項や重視している点を抽出し、デジタル化を推進するうえでのポイントをまとめる。

①トップ・経営層がデジタル化を牽引

まず、いずれの企業も、経営層がデジタル化の仕組み・必要性を十分に理解し、デジタル化を牽引していることが指摘できる。（株）新生堂薬局や（株）マルイチは、経営者自ら海外を含めて積極的に展示会やマッチングイベントに赴いて情報収集を行っているほか、各企業で経営者が中心となって勉強会の開催、デジタル化関連情報の社内共有を進め、社員のデジタルリテラシー向上を図っている。

また、いずれの企業も、デジタル化と同時並行で、経営者が自社の課題や事業環境の変化を踏まえた自社の価値・立ち位置を再定義しており、部分最適に陥らない体系的なデジタル化を進めている。その際、特に顧客の体験価値の向上が強く意識されている。

さらに、デジタル化を経営計画の中に明記することで、再定義した価値とデジタル化を有機的に結びつけ、全社的な推進体制を構築する工夫もなされている。例えば、（株）新生堂薬局では、中長期経営計画で経営戦略を「優れたテクノロジーと温もりあるコミュニケーションの融合」と明記し、ビジョンである「健康なくらしのお手伝い」のもとに位置づけたことで、デジタル化の自己目的化を防ぎ、社内の抵抗を最小限にとどめて全社的なデジタル化推進体制を構築した。

②デジタル人材の確保と活用

デジタル化には多様な人材が必要となるが、各企業においても、事業の性質やデジタル化の目的に応じて、社内で確保する人材、外部を活用し確保する人材をすみ分けて対応している。

デジタル化を担う人材に求めるスキルとして、現場のユーザー・エクスペリエンス（UX）への理解を掲げる点は各企業に共通している。従業員・顧客の課題や使用感を正確に理解してシステムに落とし込み、UXを最適化することが、デジタル技術の円滑な導入・定着には重要となる。UXの最適化には、現場とシステム双方の実態を把握し翻訳するスキルが不可欠であり、各企業は本スキルの習得を促す工夫をしている。（株）LTUや（株）マルイチは、デジタル人材を採用した際、デジタル化業務だけでなく、現場業務を経験させて現場への理解を促している。

また、デジタル化の推進組織については、企業ごとに事業内容や経営環境、組織構造などが異なることから、当然体制も異なるが、いずれの企業も、経営と現場が乖離しないように、全社を巻き込んだ体制づくりを行っている点は共通している（図表3-22）。

図表3-22　各企業のデジタル化推進組織の形成

企業	企業の具体的取り組み
(株)新生堂薬局	自社内にシステム開発体制は全く持たず、他社との協業でのデジタル人材の確保を選択。当初デジタル化推進組織を置かず、全部署で推進。部署横断的なテーマについては、内容に応じてプロジェクト化。各部署のデジタル化の段階が進展し、2021年10月から部門間調整組織を設置
(株)LTU	既存のベンダーへの委託では、自社に最適なシステム開発は困難と判断し、人材育成と新規採用を通じて自社内に開発体制を持つことを選択。当初各部署から3～4人選抜して推進組織を立ち上げ。その後ホールディングス化してデジタル化部門をグループ会社として独立
協和機電工業(株)	ホールディングスにDX戦略室を設置、各部門の統括、調整を行う。グループ企業で情報サービス事業を担う（株）ユースフルがシステム構築の主たる役割を担う。具体的な取り組みは、工事、製造、O&Mなどテーマごとに委員会を設置、部署横断的に組織化して対応

資料）九経調作成

③社外との適切な連携

各企業は不足するデジタル化のリソースを補うため、また、取引体系・業界・地域・社会全体で変革を実現し、価値を創出するために、多様な企業や大学などとの連携に積極的に取り組んでいる。

連携のあり方には、自社に最適なデジタル化の達成や市場への新たな価値提供を目指した、ユーザー・サポート間のオープンイノベーション型の連携、大学などの専門家の協力を得て専門的知見を活用することでボトルネックを解消する共同研究型の連携、取引体系や業界全体で連携して全体最適を図ることで、生産体系や社会システムの変革に結びつけるプラットフォーム型の連携などがある（図表3-23）。

連携するうえで重要な条件の1つは、連携に適したデータの形式の統一である。（株）マルイチではデータ連携のしやすさを基準に、ERPをここ20年で3回更新している。金剛（株）は新工場の建設段階から他社とのデータ連携を前提としてシステム開発を実施している。

また、連携においては、いわば「同じ釜の飯を食う」信頼関係の構築が重要である。（株）新生堂薬局では連携後の信頼関係構築の工夫として、共通の目的意識を持つために、経営者

図表 3 -23　各企業の連携の実践例

連携のあり方	企業	具体的な取り組み
オープンイノベーション	(株)新生堂薬局	（株）物産フードサービスとの連携による「ショピモレジ」の開発・導入
	(株)マルイチ	シルタス（株）との連携による「SIRU+」の開発・導入
共同研究	(株)LTU	人材教育システムの開発段階で長崎大学教育学部と連携し、現場ノウハウの習熟における効果的な学習ステップを構築
	協和機電工業(株)	長崎大学とロボット技術で共同研究を実施
プラットフォーム	(株)LTU	業界全体での変革に向け、自社開発の ERP を同業他社や関連会社に提供・連携
	(株)新生堂薬局	オンライン服薬指導や DX 調剤薬局により、調剤薬局側から顧客第一の診療・処方体制構築をリードし、医療側のオンライン診療導入を促す
	金剛(株)	複数の製造機械メーカーとの連携・データ共有を通じてシステム体系の変革を実現

資料）九経調作成

自らが連携先との協議の場に参加し、自社と同様に理念と経営方針を常に共有している。

さらに、連携の狙いを絞り、連携領域を明確化することも重要である。各企業は、ノンコアでカスタマイズ性の低い領域についてはスピード感を重視してパッケージサービスで対応する一方で、コアでカスタマイズ性の高い領域に自社の資源を集中的に投入し、内製化や連携を進めている（図表 3 -24）。内製化と連携の線引きは、社内リソースの状況に加えて、取り組みの目的に応じて必要となる技術水準・実現までのスピード感により規定されるが、自社に最適な仕組みの構築やノウハウの社内蓄積の観点からは基本的に内製化の方が望ましく、連携は内製化できない場合の機能補完的位置づけとなっている。一方で、特に全社的な最適化や新規事業の展開、業界変革など新たな価値の創出を目指したデジタル化については、企業間・個人間ネットワークの構築、自社と異なる視点やノウハウの獲得といった観点から、積極的な価値を見出して連携がなされている。

協和機電工業（株）は、DX 戦略全体とリンクさせて連携領域を明確化している。先述の 3 階層の DX 戦略のうち、基盤技術開発は一定程度自社で対応可能であり内製化する一方、業務別 DX については、内製化と外部の活用を組み合わせている。サプライチェーンマネジメントシステムについては、技術的に内製化やパッケージサービスの一括適用は困難であり、オープンイノベーションで実施するとしている。

図表 3 -24　デジタル化における対応

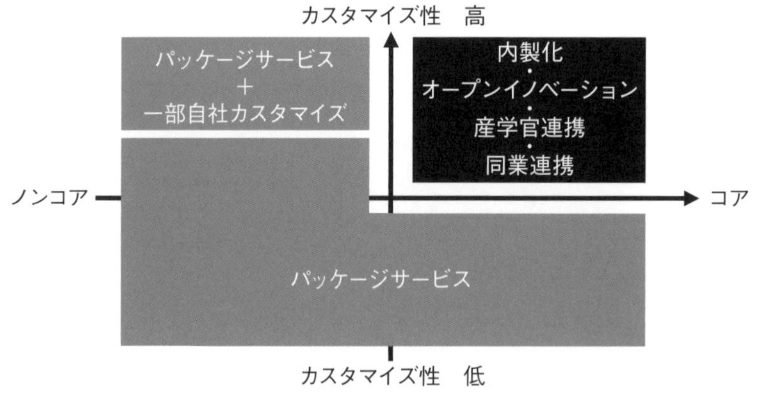

資料）九経調作成

4 九州地域におけるデジタル化推進支援体制

デジタル化の機運が高まるなか、九州地域の各地で産・官・学・金がそれぞれ、あるいは相互に連携しながら、人材育成、DX 拠点の整備など、企業のデジタル化支援の取り組みを進めている。

１）サポート企業の増加

まず、デジタル化をサポートする情報サービス業の企業の九州地域における2020年以降の展開状況について、（株）東京商工リサーチ（東京都千代田区）の企業データベースに基づいて確認すると、ソフトウェア業では367、インターネット付随サービス業では135の企業が九州地域に進出または創業している（図表３-25）。

図表３-25　2020年４月～2021年３月に新設された情報サービス業の企業数

	ソフトウェア業	インターネット付随サービス業
全国	5, 855	2, 034
九州地域	367	135
福岡県	203	70
佐賀県	6	0
長崎県	11	4
熊本県	28	13
大分県	27	11
宮崎県	5	1
鹿児島県	23	6
沖縄県	51	22
山口県	13	8

資料）（株）東京商工リサーチ企業データベース

２）人材育成

人材育成については、（ⅰ）デジタル技術に精通する人材の育成と、（ⅱ）デジタル経営を行うための経営者の人材育成があり、産学官で多様な取り組みが実践されている。デジタル技術に精通する人材の育成については、学生の育成と企業内人材の育成があるが、その両方について、大学や高等専門学校の果たす役割は極めて大きい。九州地域の各大学・高等専門学校の関連学部でデジタル人材育成が進むほか、近年は長崎大学（情報データ科学部、2020年開設）、崇城大学（IoT·AI センター、2020年開設）、長崎県立大学（情報システム学部情報セキュリティ学科、2016年開設）など、相次いでデジタル人材育成に特化した学部や施設が新設されており、人材育成の基盤が形成されつつある。一方で、社会人向けの講座やコースも開設されているものの、その数は少なくデジタル化に関する学びのニーズに十分にこたえているとは言い難い（図表３-26）。

また、学生の育成については、サポート企業と地域が連携し、地域のデジタル化支援と人材育成を組み合わせ、地域活性化を目的に取り組む事例もある。アプリ開発サービスの提供や DX ソリューション事業を手掛ける（株）iTAN（東京都台東区）は、人吉市に拠点を開設し、地元の学生に IT 教育を無償提供する地域共創型の取り組みを進めている。

さらに、自治体が自らエンジニア育成に乗り出す例もある。福岡市は、デジタルハリウッド（株）（東京都千代田区）に委託し、福岡市主催の形で G's ACADEMY 福岡において新たに「データエンジニア・カタパルト」を開講し、デジタル人材育成に取り組んでいる。

一方、経営者の育成については、経済団体や業界団体の果たす役割が大きい。内容として

図表 3 -26　九州地域のデジタル人材育成を実施する大学・高等専門学校

〈学生〉

県	大学・高等専門学校	主な関連学部等
福岡県	日本経済大学	経営学部　経営学科　デジタルビジネスデザインコース
	近畿大学	産業理工学部　情報学科
	福岡大学	工学部　電子情報工学科
	サイバー大学	IT 総合学部
	福岡工業大学	情報工学部　情報工学科
	九州工業大学	情報工学部　知能情報工学科　データ科学コース
	久留米大学	文学部　情報社会学科
	九州情報大学	情報ネットワーク学科
	西日本工業大学	工学部　総合システム工学科
	九州産業大学	理工学部　情報科学科
	久留米工業大学	AI 応用研究所
		工学部　情報ネットワーク工学科
		数理・データサイエンス・AI 教育プログラム
	北九州市立大学	国際環境工学部　情報システム工学科
	九州大学	工学部　電気情報工学科
	北九州工業高等専門学校	生産デザイン工学科
	久留米工業高等専門学校	制御情報工学科
	有明工業高等専門学校	情報システムコース
佐賀県	佐賀大学	理工学部　理工学科
長崎県	長崎大学	情報データ科学部
	長崎県立大学	情報システム学部
	長崎総合科学大学	総合情報学部　総合情報学科　知能情報コース
	佐世保工業高等専門学校	電子制御工学科
熊本県	熊本大学	工学部　情報電気工学科
	崇城大学	IoT・AI センター
		情報学部　情報学科
	熊本高等専門学校	情報通信エレクトロニクス工学科
大分県	大分大学	理工学部　共創理工学科　知能情報システムコース
	日本文理大学	工学部　情報メディア学科
	大分工業高等専門学校	情報工学科
宮崎県	宮崎大学	工学部　工学科　情報通信工学プログラム
		数理・データサイエンス部会
	都城工業高等専門学校	電気情報工学科
鹿児島県	鹿児島大学	工学部　先進工学科　情報・生体工学プログラム
	第一工科大学	工学部　情報電子システム工学科
	鹿児島工業高等専門学校	情報工学科
沖縄県	琉球大学	工学部　知能情報コース
	名桜大学	国際学群　情報システムズ専攻
	沖縄国際大学	産業情報学部　産業情報学科
	沖縄工業高等専門学校	情報通信システム工学科
山口県	山口大学	工学部　知能情報工学科
	山陽小野田市立山口東京理科大学	数理・データサイエンス・AI 教育プログラム
		工学部　電気工学科
	徳山大学	数理・データサイエンス・AI 教育プログラム

〈社会人〉

県	大学	プログラム名
福岡県	九州工業大学	産業と教育の DX 化支援に関する教育プログラム
		enPiT−everi 社会人リカレント教育プログラム
	北九州市立大学	enPiT−everi 社会人リカレント教育プログラム
長崎県	長崎大学	IT 先端技術応用講座
熊本県	熊本大学	enPiT−everi 社会人リカレント教育プログラム
宮崎県	宮崎大学	enPiT−everi 社会人リカレント教育プログラム
山口県	山口大学	データサイエンス講座

資料）各大学 Web サイトより九経調作成

は、実践に結びつけるため、インプットにとどめずアウトプットを通じた学びの場が提供されている点が特徴である。（一財）九州オープンイノベーションセンター（福岡市博多区）は、（一社）九州経済連合会（福岡市中央区）ほか経済団体との共催で、九州企業のDX事例紹介やワークショップを通じてデジタルに対する九州の経営層の理解の増進およびネットワークの構築を行う「九州デジタル経営塾」を実施している。また、北九州工業高等専門学校、早稲田大学大学院情報生産システム研究科が主体となり産学官連携により実施している「エグゼクティブ・ビジネススクール」では、最新のDXの動向などに関する座学のほか、DX戦略の立案力向上に力点を置いたワークショップ型のカリキュラムを提供している。

3）仲介・コンサルティング支援

スムーズなデジタル化には、サポート企業との適切でスピード感のあるマッチングも重要となる。（株）DXパートナーズ（福岡市中央区）は、チャレンジャー企業とサポート企業をつなぐ、日本初のDXビジネスプラットフォーム事業を実施している。また、ベンチャーキャピタルを有する（株）ふくおかフィナンシャルグループ（福岡市中央区）は、九州の企業と最新テクノロジーを有するベンチャー企業とのマッチングの場を提供する「X-Tech Match up」を開催している。

また、直接的なマッチングの場の提供だけでなく、会員企業へのサポート企業の仲介を実施する事例もある。アビスパ福岡（株）（福岡市東区）は、スポンサー企業を中心に地元企業のデジタル化を支援するため、EC支援などそれぞれの強みを持つ5つの企業と協定を結び、「オフィシャルDXパートナー」制度を開始した。

さらに、個別企業への仲介・コンサルティング支援については、取引先の経営課題などを把握し、各種取引先とのネットワークを有している金融機関の役割が大きく、経営課題を抱えている企業の相談を受け、デジタル化に向けたコンサルティング支援やサポート企業につなぐ役割が期待されている。（株）ふくおかフィナンシャルグループは、行員のITコーディネータ[2]取得を促進し、より安心して相談できる人材づくりを進めている。また、（株）肥後銀行（熊本市中央区）はシステム開発を担う傘下の九州デジタルソリューションズ（株）（熊本市西区）のデジタル化支援能力を高め、既存のサポート企業の製品で対応できない課題に対して特注のシステム構築も請け負うことで対応力を高めている。

[2] NPO法人ITコーディネータ協会（東京都中央区）が認定する資格。

4）包括的なデジタル化・DX 支援

福岡県では中小企業のデジタル化の実証開発環境を整備する目的で、県の工業技術センター機械電子研究所（北九州市八幡西区）に AI やレーザーなどの設備や技術を備え、設計から生産管理までの各工程でデジタル化を支援する「デジタル化実証支援ラボ」を2021年10月に開設した。また、地域の企業がワンストップでデジタル化支援を受けられる環境を整備するため、最先端の技術紹介やセミナーイベントの開催、マッチング支援などを総合的に実施する施設として、佐賀県が「産業スマート化センター」を、（一財）山口県デジタル技術振興財団（山口市）が「やまぐち DX 推進拠点　Y-BASE」をそれぞれ開設している。また、民間企業では、西日本電信電話（株）（大阪市都島区、NTT 西日本）は2021年３月、福岡市に共創ラボ「LINKSPARK　FUKUOKA」を開設した。DX テーマの設定支援、デジタル人材やスタートアップとの共創、ICT 実証環境を提供している。

また、包括的なデジタル化推進組織の設立や、包括的支援の取り組みも進められている。（一社）九州経済連合会、九州大学（福岡市西区）、福岡県、デロイトトーマツグループは、九州全体で産学官金の連携によりデジタル化・DX を推進する組織として「九州 DX 推進コンソーシアム」を2021年11月に設立した。同様に産学官金の連携で熊本県が2020年12月に設立した「DX くまもと創生会議」は、県全体で一体的で効果的なデジタル化・DX を進めるためのグランドデザインの策定を進めている。また、九州大学と日本電気（株）（東京都港区、NEC）が主体となり、内閣府戦略的イノベーション創造プログラム（SIP）第２期で開発が進められているオープンな IoT 開発プラットフォーム技術「My-IoT 開発プラットフォーム」を活用する組織体制を整備している。

そのほか、IoT セミナーやビジネスマッチング、IoT などを活用した製品開発／実証実験、スマートシティ計画の推進などを行う「地方版 IoT 推進ラボ」が各自治体に設置されている。2021年10月現在、全国で105の自治体・地域が実施しており、うち九州地域は19地域で取り組んでいる。

5　デジタル化戦略における九州地域の課題と対策

1）デジタル人材の不足の解消

デジタル化の一番のボトルネックは人材の不足である（既出の図表３-12)。システム開発からプロジェクトマネージャーまで多様なデジタル人材がプロセスにおいて必要となるが、特に先端 IT 人材は今後10年で全国的に大幅に不足する見通しで、デジタル化推進における懸念事項となっている（図表３-27)。アンケート調査によると、九州地域においてもデジタル人材は全般的に不足しているが、人材の種類ごとでは、「大幅に不足」の割合に差がある。機械学習、ブロックチェーン[3]などの先進的なデジタル技術を担う先端技術エンジニアや、デジタル化に関するシステムの設計から実装ができるテックリード、エンジニアリングマ

図表３-27　IT 人材の需給の将来予測

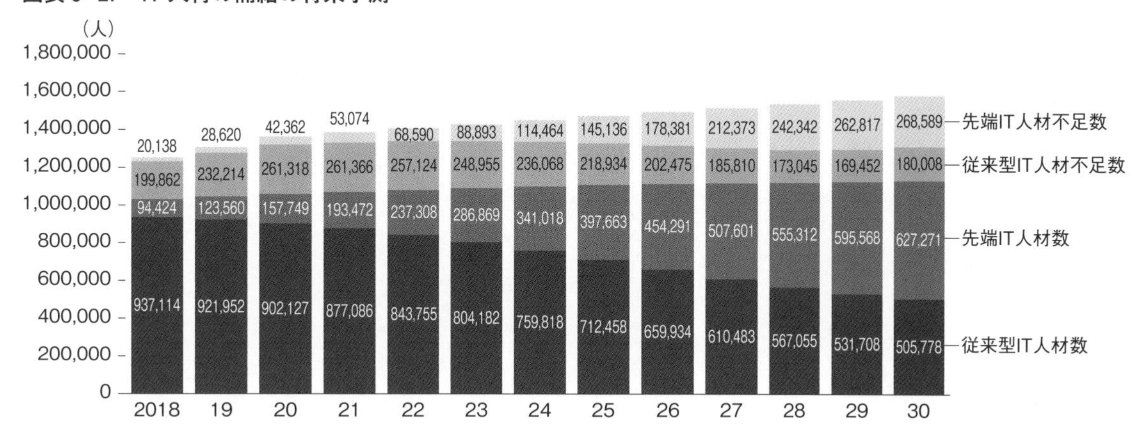

注）元資料では、「IT 需要の伸び」「生産性の上昇率」「従来型 IT 人材から先端 IT 人材への Re スキル率」の３点から場合分けして試算がなされているが、ここでは IT 需要の伸び「中位」、生産性の上昇率「0.7%」、Re スキル率「IT 需要連動型」の場合の予測値を示した
資料）経済産業省（2019）「IT 人材需給に関する調査」

図表３-28　デジタル人材の不足感

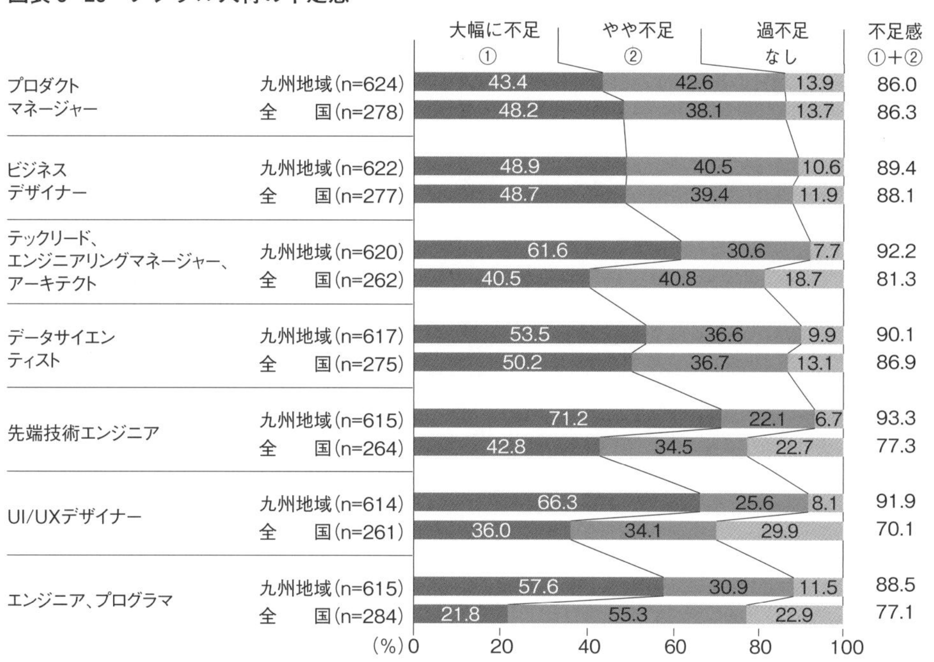

注）全国の数値の元データである IT 人材白書2020の調査はコロナ禍前に実施されたものであり、九州地域のデータと時期が異なる点に留意が必要である
資料）九経調アンケート、IT 人材白書2020

ネージャー、アーキテクトなどの先端 IT 人材が不足している。さらに、UI/UX デザイナーが「大幅に不足」の割合が高い（図表３-28）。

全国と比較すると、プロジェクトマネージャーやビジネスデザイナー、データサイエンティストなど、全体の企画や分析に係る人材についてはそれほど差がない一方で、先端 IT 人材や UI/UX デザイナーなど、デジタル技術に精通した高度人材、および現場と技術をつなぐ人材で、全国より不足感が大幅に高い状況にある（図表３-28）。

アンケート調査から人材確保の取り組みの進捗状況をみると、すでに取り組んでいる企業

[3] ブロックと呼ばれる単位でデータを管理し、それを鎖のように連結してデータを保管する技術を指し、データの破壊や改ざんに強いシステムとして注目されている

図表 3 -29　デジタル人材の確保・育成に向けた取り組み状況

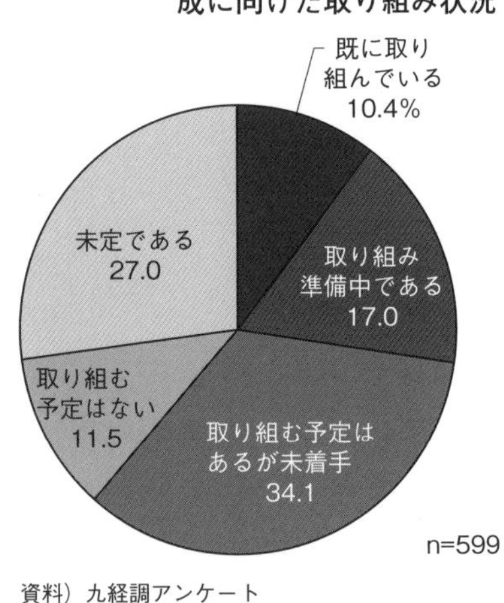

資料）九経調アンケート

図表 3 -30　デジタル人材の確保策

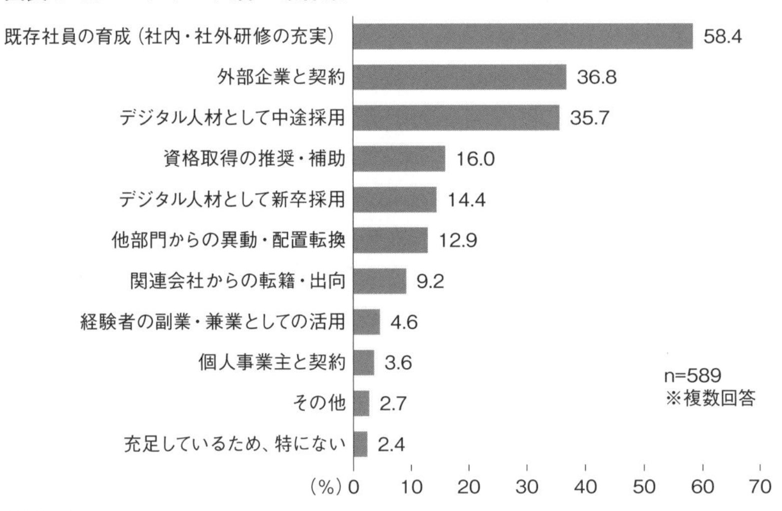

資料）九経調アンケート

は10.4%に過ぎず、取り組み準備中まで含めても27.4%と3割に満たない。（図表 3 -29）。

具体的な人材確保の取り組み内容をみると、「既存社員の育成」が58.4%で最多となっており、約6割の企業が人材育成での対応を選択している（図表 3 -30）。次いで「外部企業と契約」が36.8%、「デジタル人材として中途採用」が35.7%と続き、外部人材の活用による即戦力の確保方法を選択する企業がそれぞれ35%前後と続いている。

デジタル人材確保に向けては、まず経営者がデジタル化の目的を明確化し、目的に応じて自社で賄う領域、外部と連携して補う領域を棲み分けし、具体的に自社内に有すべきデジタル人材像を見極める必要がある。そして、図表 3 -30に示しているような多様な確保策の中から自社の状況に応じて選択することになるが、上位3つの確保策のうち、中途採用については、多くの企業がデジタル人材確保に動くなか、転職市場の需給がひっ迫しており、特に中小企業にとってはハードルが高い状況にある。こうしたなか、デジタル人材には現場への深い理解が求められることを踏まえると、社内人材育成を積極的に図ることが多くの企業にとって有効な手段であるといえる。セミナーや展示会に関する社員への情報共有と積極的な参加の促進、勉強会の開催などを通じて人材育成を図る必要がある。近年はデジタル人材育成に特化したサポート企業も増加し、多様な教育メニューが用意されており、目的に応じて活用することが望まれる。

また、支援側もさらなる取り組みの充実が必要である。アンケート調査によると、デジタル化実現に向けて企業が求める支援として、「デジタル化人材育成のサポート」が最多で47.5%、次いで「デジタル化による生産性向上などについての事例紹介」が46.8%となった（図表 3 -31）。デジタル人材育成サポートにおいては、大学をはじめ教育機関の果たす役割も大きく、社会人向けプログラムによるリカレント（教育機関などにおける学び直し）教育のさらなる充実を進める必要がある。また、行政がデジタル人材育成に関する事例紹介のセミナーなどの場を設け、経営者の具体的なデジタル人材像の構想を支援する必要がある。

図表3-31　デジタル化に向けて必要とする支援策

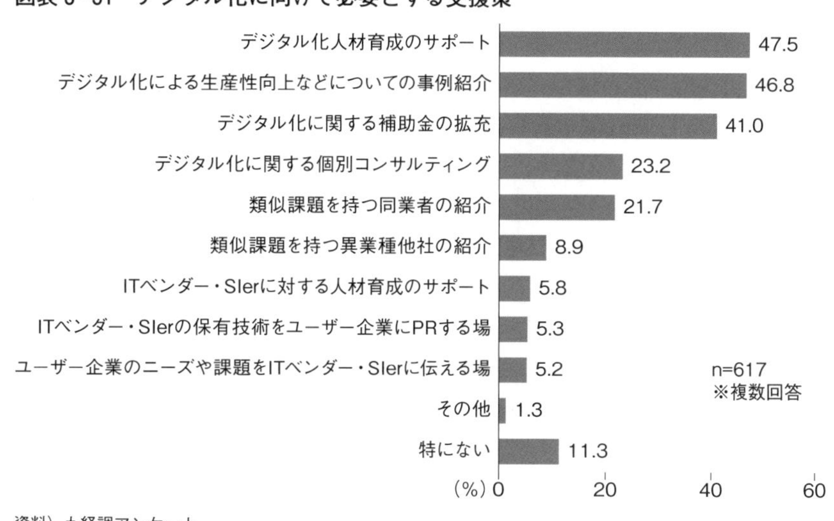

資料）九経調アンケート

2）全社的なデジタル化推進に向けた経営者の関与

効果的なデジタル化の推進には、全社を挙げた統一的な取り組みが不可欠だが、その際、既存の業界慣習や社員の抵抗がボトルネックとなる。図表3-12で示した通り、九州地域の企業のうち、20%程度の企業が「文化・業界慣習による障壁」「業務の変革に対する社員等の抵抗」をボトルネックと認識している。

上記ボトルネックを解消し、全社的に効果的なデジタル化を推進するには、経営上のデジタル化の位置づけの明確化や組織体制の再編が必要であり、経営者の積極的な関与が欠かせない。

経営者が積極的に関与するには、まず経営者自身のデジタル化・DXへの理解を深めることが重要である。関連の展示会や経営者向けの伴走支援型・実践型のセミナー・ワークショップなどへの積極的な参加、包括的なDX拠点の活用など、支援施策をうまく活用し効率的に理解を深める必要がある。

また、中長期経営計画へデジタル化を明記するなどの工夫により、経営上のデジタル化の位置づけを明確化し、デジタル化の目的と意義を全社で共有することが必要である。

組織体制については、部署ごとの縦割りの弊害を防止するために、部署横断的で全体を統括・調整できるデジタル化推進組織を設けるなどの工夫が必要となる。また、組織構成においては、経営者自身がデジタル化推進組織やデジタル化プロジェクトにリーダーとして参画することも重要である。そのことにより具体的な議論の中で経営上のボトルネックを明確にし、デジタル化と関連付けることで、経営ビジョンと整合の取れたデジタル化が実現可能となる。

3）様々な主体とのデータ連携の推進

既述の通り、九州地域におけるデジタル化先進企業は、多様な主体との連携を推進して目的を達成している。特に、AIの利活用などを通じたデータドリブン経営やサプライチェーン全体の物流の効率化、スマートファクトリーの実現などにおいては、企業間データの連携が重要となる。企業間のデータ連携においては、相互のデータの形式・ルールの差異や、データ提供時の安全性の確保などがボトルネックとなることから、データの統一や安全なデータ連携手法の確立が課題となる。また、官民データ連携の促進も重要である。行政の統計データは、企業所有のデータと組み合わせて企業経営や機械学習に用いるデータとして有用なものが多く存在する。総務省の通信利用動向調査によると、ICT利活用促進のために行政に求める役割として「国のオープンデータ化」「地方公共団体のオープンデータ化」を挙げている企業がそれぞれ約2割となっており、統計データへのニーズが高い。一方、行政の統計データは、そもそも非公開である場合や、連携に適した形に整理されていない、データの所在が分かりにくいといった問題もあり、現状は利活用に難がある場合が多い。デジタル庁によると、九州地域の市区町村におけるオープンデータ化の進捗は2021年10月時点で52.2%であり、全国の65.9%と比較すると10%程度低くなっている現状である[4]。

各企業は、まずデータ連携に適したERPの導入やデータ入力のマニュアル化、自動化を進めて社内データの整備を進めることが重要である。

企業同士の連携については、各業界やサプライチェーンにおける共通EDIの促進などの連携プラットフォームの構築、秘密計算技術・ブロックチェーン技術の活用などによる安全な連携体制の構築などを進める必要がある。

行政については、データベース形式などデータ連携に適した整理手法の採用、API連携への対応、またデータを探す手間を削減するための情報の一元化、プラットフォーム化を促進することが重要である。特に地域データについては、観光関連統計をはじめ県ごとで統計の作成手法・データ整理手法が異なる場合も多く、県をまたいだデータの一体的な利用が困難な場合も多い。特に九州は、地域内の県間の経済・社会的な結びつきが強く、一体的に把握できることが望ましい。県同士での連携により、九州全体で共通的手法に基づいた相互利用可能な統計データ作成に向けた取り組みが望まれる。

[4] 自らのホームページにおいて「オープンデータとしての利用規約を適用し、データを公開」又は「オープンデータであることを表示し、データの公開先を提示」を行っている市区町村をカウントした数を指す

参考資料

参考資料：九州経済白書アンケート調査について

2022年版九州経済白書では、「コロナへの対応と脱炭素・デジタル化に関する企業戦略アンケート」を実施した。アンケート対象は、九州・沖縄・山口に本社を置く企業4,000社である。

■調査目的■

コロナ感染拡大が九州地域の企業活動に及ぼした影響や、アフターコロナにおける企業戦略や九州地域の課題等について定量的に明らかにする。

■調査対象■

九州地域（九州７県、沖縄県、山口県）に本社を置く企業のうち、2016年12月末までに設立された企業で売上高上位4,000社を抽出。なお、企業の情報は、（株）東京商工リサーチの「CD・Eyes50」により入手した。

■調査方法■

郵送による依頼、調査票への記入（郵送・メールによる返送）またはウェブフォームによる回答。

■調査期間■　2021年９月～10月

■回答率■
発送数：4,000通
回答数：644通
有効回答数：644通
有効回答率：16.3%（郵送未達を除いて算出）

■アンケート回答属性

【企業所在地】

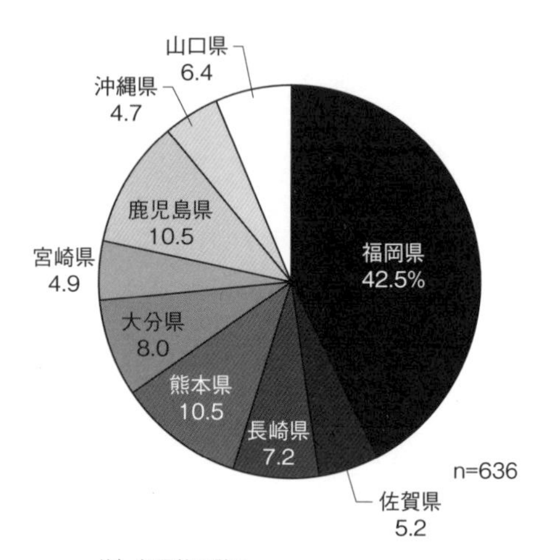

【主な業種】

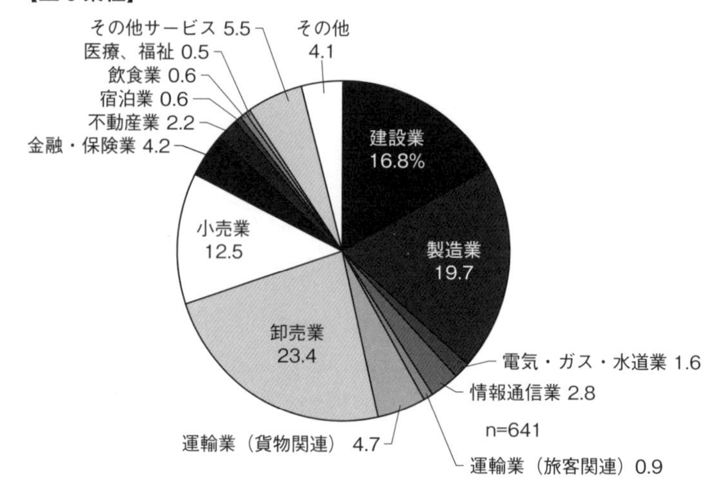

注）無回答を除く
資料）九経調「コロナへの対応と脱炭素・デジタル化に関する企業戦略アンケート」

【従業員規模（派遣・パート含む）】

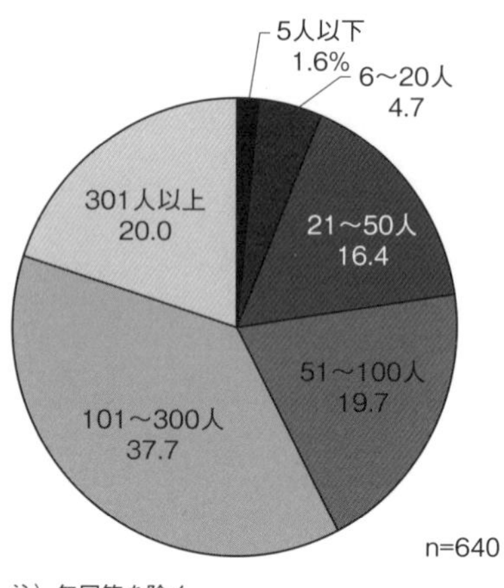

注）無回答を除く
資料）九経調「コロナへの対応と脱炭素・デジタル化に関する企業戦略アンケート」

2021年9月10日

代表者　様

公益財団法人　九州経済調査協会
理事長　髙木直人

2022年版九州経済白書
コロナへの対応と脱炭素・デジタル化に関する企業戦略
アンケート　ご協力のお願い

拝啓　時下ますますご清栄のこととお慶び申し上げます。

当会は1946年に設立された学術研究機関で、九州・沖縄・山口（以下、九州地域）の経済社会動向の調査研究を行うシンクタンクでございます。当会では、自主研究活動の一環として、九州地域の経済社会問題に関する調査をまとめた「九州経済白書」を毎年刊行しております。

2022年版の「九州経済白書」（来年２月刊行予定）では、「アフターコロナの企業戦略～九州地域の新たな挑戦：脱炭素とデジタル化」をテーマに、コロナ感染拡大が九州地域の企業活動に及ぼした影響や、アフターコロナにおける企業戦略や九州地域の課題などについて調査・分析を進めております。つきましては、ご多忙中のところ誠に恐縮ですが、次頁以降のアンケートにご協力のほど、よろしくお願い申し上げます。

なお、本調査で得られた個人情報については、適正に取り扱い、目的外に使用することは決してありません。また、調査結果は、企業名が特定できないアンケート集計結果の形で白書にて公開する予定ですが、個別の回答票が公開されることはありません。

敬具

【ご記入にあたって】

- 同封の返信用封筒にて<u>9月24日（金）までに</u>ご投函ください（切手不要）。
- 集計結果をご希望の方は、「九州経済白書」の刊行（2022年2月予定）に併せてメールでお送りします。調査票の該当する欄にアドレスをご記入ください。
- メールでの回答をご希望の方は電話（092-721-4905）またはメール（ikematsu@kerc.or.jp）までお知らせください。Microsoft Word形式にて調査票のファイルをお送りします。
- ウェブページ（https://questant.jp/q/2022hakusho）でもご回答を受け付けております。スマートフォンをお持ちの方は、以下のQRコードからアクセスしてください。

回答用QRコード

【お問い合わせ先】
公益財団法人　九州経済調査協会　調査研究部
〒810-0004　福岡市中央区渡辺通2-1-82
電気ビル共創館5F
担当：池松、藤井、秋野
TEL：092-721-4905　　FAX：092-721-4904
E-mail：ikematsu@kerc.or.jp

コロナへの対応と
脱炭素・デジタル化に関する企業戦略アンケート

【貴社の概要】

貴社名			
所在地	県　　市(区)・町・村 (該当に○をつけて記載願います)		
ご記入者	所属・役職 お名前　　TEL:　　—　　—		
集計結果のご希望	ご希望の方には集計結果を e-mail にてお送りしますので、当欄にアドレスをご記入ください。 配信先:e-mail:　　@		
従業員規模 (○は1つ。派遣・パート含む)	1. 5 人以下	2. 6～20 人	3. 21～50 人
	4. 51～100 人	5. 101～300 人	6. 301 人以上
主な業種 (○は1つ。最も売上高の高い業種を選択してください)	1. 建設業	2. 製造業	3. 電気・ガス・水道業
	4. 情報通信業	5. 運輸業(旅客関連)	6. 運輸業(貨物関連)
	7. 卸売業	8. 小売業	9. 金融・保険業
	10. 不動産業	11. 宿泊業	12. 飲食業
	13. 医療、福祉	14. その他サービス	15. その他(　　)

企業活動に対するコロナの影響と対応について

問1. 貴社の**対前年比**の年度毎の売上高の増減(2021 年度については見込み)について教えてください。
(下記選択肢よりそれぞれ番号を記入)(番号はそれぞれ 1 つ)

2019 年度(2018 年度比)	番号	2020 年度(2019 年度比)	番号	2021 年度見込(2020 年度比)	番号

【選択肢】

1. 増加した	2. 横ばい	3. 減少した

問2. コロナによる貴社の業績(売上高)への影響について教えてください。(○は 1 つ)

1. 良い影響がある	2. 多少良い影響がある	3. 影響はない
4. 多少悪い影響がある	5. 悪い影響がある	

問3. 貴社の業績(売上高)がコロナ前の水準へ回復すると見込んでいる(もしくは回復した)時期について教えてください。(○は 1 つ)

1. 2020 年 7 月～12 月	2. 2021 年 1 月～6 月	3. 2021 年 7 月～12 月
4. 2022 年 1 月～6 月	5. 2022 年 7 月～12 月	6. 2023 年 1 月～6 月
7. 2023 年 7 月～12 月	8. 2024 年中	9. 2025 年以降
10. 戻ることはない	11. 売上高は減少しなかった	

問4.　貴社がコロナを契機として行った取り組みと、その中で業績(売上高)の拡大・維持・回復に貢献したものについて教えてください。(下記選択肢よりそれぞれ番号を記入)(**番号はいくつでも**)

コロナを契機とした取り組み	番号	うち、業績の拡大・維持・回復に貢献	番号

【選択肢】

1.　新製品・サービスの開発・提供	2.　販売先の多角化・販路開拓
3.　販売先の絞り込み・縮小	4.　仕入れ先の分散
5.　仕入れ先の統合・集約	6.　事業の多角化・新規事業分野への進出
7.　事業の統合・集約	8.　不採算事業からの撤退
9.　従業員の研修(能力開発・ノウハウ取得)	10.　設備投資(維持・更新除く)
11. BCP 策定・災害対策	12.　在宅勤務・フレックス等の導入
13.　副業人材の採用・副業の許可	14. その他(　　　　　　　　　　　)

問5.　コロナ禍を経た**アフターコロナの局面**において、貴社が特に意識すべきだと考える外部環境に関わる課題・問題・リスクを教えてください。(**○は上位3つまで**)

1.　国内・域内市場縮小への対応	2.　脱炭素への対応
3.　海外市場開拓などグローバル対応	4.　商品価格の不安定化
5.　災害/感染症リスク等の事業継続対策	6.　共生社会、ダイバーシティへの対応
7.　地域経済・社会への貢献	8.　所得格差拡大などの社会の分断
9.　情報/データ(主導型)社会への対応	10.　その他(　　　　　　　　　　　)

今後の脱炭素に向けた取り組みについて

2020 年 10 月に、菅総理が所信表明演説で 2050 年までに温室効果ガスの排出をゼロにする(カーボンニュートラル、脱炭素社会の実現を目指す)事を宣言しました。

今後、企業はこれまで以上に自社内での脱炭素化に取り組むことが求められますが、同時に、脱炭素ビジネス(脱炭素化に必要な製品・サービスの提供など、ビジネスとしての取り組み)の市場拡大も期待されます。

<<自社内での脱炭素化について>>

問6.　貴社における自社内の脱炭素化(温室効果ガス排出抑制)に向けた**現在と今後重視する**具体的な取り組みについて教えてください。(下記選択肢よりそれぞれ番号を記入)(**番号はいくつでも**)

現在の取り組み	番号	今後重視する取り組み	番号

【選択肢】

1.　省エネルギー(節電、節水など)	2.　断熱の強化(リフォームなど)
3.　クールビズ・ウォームビズの導入	4.　ZEB(ゼロエミッションビル)導入など建物の脱炭素
5.　ハイブリッド車、電気自動車の導入	6.　物流の見直し(モーダルシフト、共同配送等)
7.　廃棄物の抑制	8.　排出権取引市場への進出
9.　再生可能エネルギーの導入・切り替え(太陽光、風力など)	
10.　環境に配慮した/脱炭素を進めた原材料の選定・導入	
11.　3R(リデュース、リユース、リサイクル)や CE(サーキュラーエコノミー)の強化	
12.　その他(　　　　　　　　　　)	13.　取り組んでいない/今後重視して取り組まない

問7. **問 6 で「13.取り組んでいない/今後重視して取り組まない」を選択された方**は、貴社が考える、自社の脱炭素化に取り組まない/今後重視して取り組まない理由について教えてください。(○はいくつでも)

1. 自社のメリットがない・少ない・分からない	2. 2050 年目標の達成は困難と考えている
3. 取り組むためのコスト負担の大きさ	4. 投資余力がない
5. 環境と当社の業務の関係性が薄い	
6. 当社の取り組みの地球環境に対する影響がない・少ない・分からない	
7. その他( )	

<<脱炭素化に必要な製品・サービスを提供する**脱炭素ビジネスの取り組みについて**>>

問8. 貴社の脱炭素ビジネスに取り組む**現在と今後の**意向について教えて下さい。(下記選択肢よりそれぞれ番号を記入)(**番号は最も該当するものそれぞれ1つ**)

現在の意向	番号	今後の意向	番号

【選択肢】

1. 脱炭素ビジネスに取り組む	2. 取り組む予定で計画を立てる
3. 取り組んでいない/取り組む予定はない	

問9. **問8の今後の意向で「1. ビジネスに取り組む」「2. 取り組む予定で計画を立てる」を選択された方**は、今後、取り組む/計画を立てるとする理由について教えて下さい。(○はいくつでも)

1. 2050 年までの温室効果ガスの排出ゼロに向けた脱炭素ビジネスの市場拡大への期待
2. 世界各国の政策による、脱炭素(環境関連)投資急増への対応
3. 社会的責任(CSR)や社会的価値(CSV)を創造する企業の増加(SDGsや ESG への対応)への期待
4. エネルギー消費抑制等でコスト削減を進める企業の増加への期待
5. 自社のブランド力向上(市場に評価されるための対外的なアピール)
6. 取引先の要請への対応
7. コロナ禍による社会課題・問題への対応
8. その他( )

問10. **問8の今後の意向で「1. ビジネスに取り組む」「2. 取り組む予定で計画を立てる」を選択された方**は、どのような形で取り組む予定なのかについて教えて下さい。(○はいくつでも)

1. 脱炭素ビジネスに経営トップないし経営会議メンバーが主導となって取り組む
2. 脱炭素ビジネスに関する専門部署を設立した上で取り組む
3. 脱炭素ビジネスに関する具体的なインセンティブ制度を導入した上で取り組む
4. 脱炭素ビジネスで実績のある社内外の人材を担当者(専門人材)とした上で取り組む
5. 脱炭素ビジネスに特化した予算枠を設置・増額の上で取り組む
6. 脱炭素ビジネスに関する新たな設備を導入した上で取り組む
7. 脱炭素ビジネスに関する新たなビジネスモデル構築を目指して取り組む
8. 脱炭素ビジネスに関する特許や商標等の取得を目指して取り組む
9. その他( )

問11. 貴社が**現在取り組んでいる脱炭素ビジネス**について教えてください。(○はいくつでも)

1. 省エネルギーを推進するビジネス(断熱リフォーム支援、ZEB 供給等導入支援など)
2. 企業が利用するエネルギーの脱炭素を促すビジネス
(再生可能エネルギーの導入、水素エネルギーの導入、蓄電池の導入など)
3. 創エネルギーに関するビジネス(再生可能エネルギー由来の発電事業など)
4. 温室効果ガス排出抑制(脱炭素)、回収、固定化を進める設備や素材を生産・提供するビジネス
(水素還元製鉄、CO2吸収コンクリートなど)
5. 交通や物流の脱炭素を進めるビジネス(電気自動車・水素自動車、脱炭素転換燃料の提供など)
6. J-クレジット創出、およびその支援や活用に対する支援
7. シェアリング、リサイクル/アップサイクルに関わるプラットフォーム等システムやソフトの開発
8. 脱炭素化を進める企業に対するコンサルティングや取り組みの支援
9. 脱炭素ビジネスに取り組んでいない
10. その他(　　　　　　　　　　　　　　　　)

また、**1～8、10 のどれかを回答した方**は、簡単で結構ですので**具体的なビジネスの内容をご記入ください**

問12. 脱炭素ビジネスに取り組む際の貴社の課題について教えてください。(○はいくつでも)

1. 作業する人材の不足	2. 指揮を執る人材の不足
3. 設備導入するための用地不足	4. 資金不足
5. 知識・情報・ノウハウの不足	6. 国の目標年度(2050 年)までの期間の長さ
7. 費用対効果が不明	8. その他(　　　　　　　　)
9. 特にない	

今後のデジタル化に向けた取り組みについて

「デジタル化」とは、通信(インターネット等)や IT ツール(AI、IoT など)の導入、事業で得られる社内外のデータ(経理データ、工場の稼働データなど)などにより、自社の業務の一部/全部を改善することを指します。

問13. **コロナ禍前とコロナ禍(現在)**における貴社のデジタル化の進捗状況について教えてください。(下記選択肢よりそれぞれ番号を記入)(番号はそれぞれ1つ)

コロナ禍前の進捗状況	番号:	コロナ禍(現在)の進捗状況	番号:

【選択肢】

1. 全く進んでいない　例:E-mail、表計算ソフトの導入程度
2. あまり進んでいない(単体業務・生産プロセスに対するデジタル技術の導入を実施している)
例:発注書など書類作成の電子化・自動化、勤怠管理システムの導入等
3. ある程度進んでいる(業務・生産プロセス全体に対するデジタル技術の導入を実施している)
例:発注書など書類作成から相手企業とのやり取り、決裁に至るまでのプロセスの電子化・自動化等
4. 進んでいる(デジタル技術の導入により得られたデータによる全社的な業務改善を実施している)
例:販売データやマーケティングデータの活用による需要予測、それに基づく調達・生産・在庫管理の実施等
5. かなり進んでいる(デジタル技術の導入により得られたデータによる全社的なビジネスモデルの転換や新製品・新サービスの創出を実施している)
例:製品・サービスの提供方法を販売からサブスクリプションへ変更等

問14. 貴社が現在取り組んでいる、具体的なデジタル化について教えて下さい。(○はいくつでも)

1. ネット通販・デジタル店舗の導入	2. ネット決済の導入(オンライン上での決済)
3. キャッシュレス決済の導入(対面での交通系 IC カード、クレジットカード、QR コード決済等による決済)	
4. Web・アプリを使った宣伝や接客	5. 旧来型の基幹システムの維持更新
6. 電子決裁の導入	
7. デジタルオペレーション(業務フロー可視化)の導入	
8. ERP(統合基幹業務システム)の導入(業務の属人化の防止)	
9. グループウェア・プロジェクト管理ツール導入	
10. 社内情報の電子化・ペーパーレス化	
11. スマートファクトリー等製品製造の自動化・最適化	
12. AI と顧客情報(購買履歴等)による新製品・新サービス開発	
13. AI やビッグデータを用いた需要予測	14. AI を用いた採用、人員配置
15. リモートワークの導入	16. 具体的に取り組んだデジタル化はない
17. その他( )	

問15. 貴社がデジタル化を推進する目的を教えて下さい。(○はいくつでも)

1. 間接部門の業務効率化	2. 既存製品/サービスの品質向上
3. 生産/サービス効率の向上	4. 販売促進(マーケティング)
5. 在庫管理	6. 売上増
7. 顧客満足度向上	8. 経営戦略/経営計画策定
9. 新製品・新サービス・新事業の開発	10. ビジネスモデル(収益源)の抜本的改革・変更
11. コロナ禍による事業環境変化への対応	12. その他( )
13. デジタル化に取り組んでいない	

問16. 貴社がデジタル化を推進する時の課題について教えてください。(○はいくつでも)

1. 人材不足	2. 資金不足
3. 業務の変革に対する社員等の抵抗	4. 費用対効果が不透明
5. 規制・制度による障壁	6. 文化・業界慣習による障壁
7. ICT など技術的な知識不足	8. 既存システムとの関係性
9. その他( )	10. 特にない

問17. 貴社がデジタル化を推進する時に必要な人材(デジタル人材)の過不足感を教えてください。(下記選択肢よりそれぞれ番号を記入)(番号はそれぞれ一つ)

人材の種類	番号
1. デジタル化の実現を主導するリーダー格の人材(プロダクトマネージャー)	
2. デジタル化(マーケティング含む)の企画・立案・推進等を担う人材(ビジネスデザイナー)	
3. デジタル化に関するシステムの設計から実装ができる人材 (テックリード、エンジニアリングマネージャー、アーキテクト)	
4. 事業・業務に精通したデータ解析・分析ができる人材(データサイエンティスト)	
5. 機械学習、ブロックチェーンなどの先進的なデジタル技術を担う人材(先端技術エンジニア)	
6. デジタル化に関するシステムのユーザー向けデザインを担当する人材(UI/UX デザイナー)	
7. システムの実装やインフラ構築・保守等を担う人材(エンジニア、プログラマ)	

【選択肢】

1. 大幅に不足	2. やや不足	3. 過不足なし	4. やや過剰

問18. **問 17 のいずれかで「1.大幅に不足」または「2.やや不足」を選択された方は**、デジタル人材の確保・育成に向けた取り組みの実施状況について教えてください。(○は 1 つ)

1. 既に取り組んでいる	2. 取り組み準備中である
3. 取り組む予定はあるが未着手	4. 取り組む予定はない
5. 未定である	

問19. 貴社が既に取り組んでいるもしくは取り組む予定のデジタル人材の確保策について教えてください。(○はいくつでも)

1. 既存社員の育成(社内・社外研修の充実)	2. 資格取得の推奨・補助
3. デジタル人材として新卒採用	4. デジタル人材として中途採用
5. 他部門からの異動・配置転換	6. 関連会社からの転籍・出向
7. 経験者の副業・兼業としての活用	8. 外部企業と契約
9. 個人事業主と契約	10. その他( )
11. 充足しているため、特にない	

問20. 貴社がデジタル化を推進していく上で、必要と感じる支援について教えてください。(○はいくつでも)

1. デジタル化による生産性向上などについての事例紹介	
2. ユーザー企業のニーズや課題を IT ベンダー・SIer に伝える場	
3. IT ベンダー・SIer の保有技術をユーザー企業に PR する場	
4. デジタル化に関する個別コンサルティング	5. デジタル化人材育成のサポート
6. IT ベンダー・SIer に対する人材育成のサポート	7. 類似課題を持つ同業者の紹介
8. 類似課題を持つ異業種他社の紹介	9. デジタル化に関する補助金の拡充
10. その他( )	11. 特にない

アフターコロナの企業戦略について

問21. アフターコロナの企業戦略として、貴社が特に重視されていることについて自由にご記入ください。

施設概要

知の森（ビジネス情報の閲覧）

業界の最新動向や企業情報、九州のマーケティングデータなど、入門書から専門雑誌まで、インターネットで入手困難な幅広いビジネス情報が入手できます。

交流ラウンジ

談笑したり、ソファーでくつろいでいただくスペースです。バーカウンターを設置しており、交流会などにも利用可能です。

知の回廊（企画展示）

書籍に加え、写真・映像、グッズ等に触れることで、ビジネスにつながる気づきや発見が得られます。

情報検索ゾーン

日経テレコン21（日経各新聞記事、企業、人事などのビジネスデータベース）が無料で利用できます。

マイデスクゾーン（予約制）

企画書作成や資格取得の学習に集中するための半個室のワークデスク15席が利用できます。定期会員のみ利用可。1時間100円。

リモートミーティングボックス

オンラインのweb会議に最適な個室タイプのボックスが利用できます。
15分100円。

エントランス

ミーティングルーム（予約制）

BIZCOLIや会員主催の多様なセミナー・勉強会が開催されます。24名収容（スクール形式）の会議室で、2つに分割して利用することが可能です。

■ミーティングルームご利用料金
・ハーフ利用（12名収容）：4,500円
・フル利用（24名収容）：9,000円
※ご予約は定期会員に限ります
※ご利用は1時間〜

■全館にて、電源・無線LANをご利用いただけます。

ご利用料金

			一般		九州経済調査協会の賛助会員に所属	
			定期会員（月額）	1回利用	定期会員（月額）	1回利用
日中の時間帯を有意義にご利用したい方に	デイタイム	平日 10:00〜18:00	9,000	2,000	無料	無料
仕事帰りの時間を有効活用したい方に	ナイト	平日 17:00〜22:00	6,000	1,700	4,000	1,700
時間を気にせずご利用したい方に	フルタイム	平日 10:00〜22:00	12,000	2,600		
週末の1日を自分のために過ごしたい方に	土曜日	土曜 10:00〜18:00	4,000 ※1	2,000	3,000 ※2	2,000
入会金			3,000		無料	

※1：一般の方は、デイタイム、ナイト、フルタイムのプランに、2,000円をプラスする事で当月全ての土曜日利用が可能
※2：九州経済調査協会の賛助会員に所属する方は、ナイトプランの方のみ、2,000円をプラスする事で当月全ての土曜日利用が可能

単位：円、すべて税込

<アクセス>
○**西鉄電車**：西鉄天神大牟田線「薬院駅」より徒歩5分
○**タクシー**：JR博多駅より7分、福岡空港より25分
○**西鉄バス**：「博多駅前A番」停留所より乗車→「渡辺通1丁目」停留所降車すぐ
「天神大丸前4C」停留所より乗車→「渡辺通1丁目」停留所降車すぐ
○**地下鉄**：七隈線「渡辺通駅」降車（電気ビル本館B2Fへ直結）
※「天神」より徒歩15分

BIZCOLI
BIZ COMMUNICATION LIBRARY

公益財団法人 九州経済調査協会
KYUSHU ECONOMIC RESEARCH CENTER

◎お問い合わせ／公益財団法人 九州経済調査協会 事業開発部　〒810-0004 福岡市中央区渡辺通2丁目1番82号 電気ビル共創館3F　TEL092-721-4909　FAX092-721-4908
○開館時間／平日10〜22時、土曜10〜18時　○休館／日祝日、年末年始　www.bizcoli.jp　www.kerc.or.jp　www.facebook.com/bizcoli

地域経済の最新「素材（データ）」を「鮮度」を活かし、「下ごしらえ」して美味しく「料理」。
食べ方いろいろ「データサラダ」。

素材 × 鮮度 × 下ごしらえ × 料理 ＝ DATA SALAD

地域経済データ　最新の日次・月次データ　データ前処理　分析・ビジュアライズ

DATA MENU データメニュー

アウトルック　都道府県予測CI（景気動向指数）をはじめ、景気動向を総括できる主要指標を掲載。

ビッグデータ　API等によりインターネット上から日々収集したビッグデータを加工・可視化。

景気指標　景気分析のための月次や日次の時系列データ。

産業指標　産業分析のための年次の時系列データ。

社会指標　人口・労働・所得などの主要マーケティングデータ。

経済マップ　地理情報システム（GIS）を活用した、地図によるデータの可視化。

経済トレンド　九州を中心とした企業・事業の動向をリストアップ。

研究業績　九経調の研究業績約10,000タイトルをキーワード検索で抽出し、PDFでダウンロード可能。

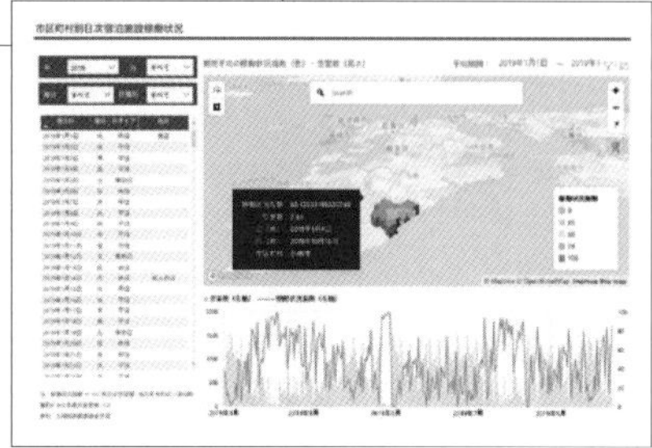

◎DATASALADの画像をキャプチャーしてご利用いただけます。
ご利用にあたっては、クレジット表記「九経調DATASALADより作成」を記載してください。

SERVICE GUIDE ご利用案内

◎九経調の賛助会員（法人）にご所属の方は、何名でも無料でご利用いただけます。
◎初回のみ「WEB会員登録」をしてください。
◎対応機器／パソコン、タブレット
◎動作環境／Google Chrome　※その他ブラウザは非対応

●WEB会員登録（個人）の方法／個人単位でユーザーIDとパスワードを発行いたします。

データサラダのWEBサイト（datasalad.jp）にアクセスし「WEB会員登録ボタン」をクリック

「賛助会員確認フォーム」より九経調賛助会員の有無のご確認

賛助会員の方　→　「WEB会員登録」後、無料でご利用いただけます

賛助会員でない方　→　「WEB会員登録」後、翌月末まで（最大60日間）無料でご利用いただけます　→　無料期間終了後のご利用は賛助会員へのご入会が必要です

●九経調賛助会員（法人）のサービス／詳しくはWEBをご覧ください。https://www.kerc.or.jp

●普通会員・維持会員

定期刊行物（白書・月報）

会員制ビジネス図書館「BIZCOLI」（デイタイム無料）

講演会セミナー

データサラダ人数制限なし（無料）

●維持会員のみ

データサラダデータのダウンロード

●維持会員2口以上限定オプションサービス

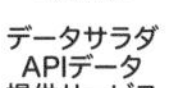

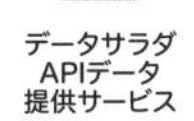

データサラダAPIデータ提供サービス

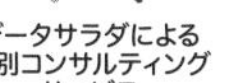

データサラダによる個別コンサルティングサービス

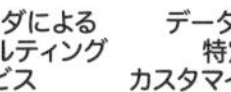

データサラダによる特定ページのカスタマイズ（要別途費用）

◎賛助会費（法人）　（税込）

	入会金	年会費
普通会員	30,000円	120,000円
維持会員	80,000円	360,000円

お問合せ｜公益財団法人九州経済調査協会 事業開発部　TEL 092-721-4909　E-mail datasalad@kerc.or.jp

データサラダは、公益財団法人九州経済調査協会の創立70周年記念事業として構築、運営されています。

[執 筆 者 紹 介]

総括と展望	藤 井　　学	（当会　調査研究部　次長）
第1章	片 山 礼二郎	（当会　調査研究部　部長）
	池 松 克 之	（当会　調査研究部　調査役）
第2章	藤 井　　学	（当会　調査研究部　次長）
第3章	秋 野 隆 士	（当会　事業開発部　研究員）
編集協力	中 島 満 枝	（当会　調査研究部）
	山 本 優 子	（当会　調査研究部）

九州経済白書　テーマ一覧

第1回	1967年度	九州経済の概況
第2回	1968年度	都市化の中の九州経済
第3回	1969年度	大衆消費時代を迎えた九州経済
第4回	1970年度	大型投資と九州経済の新段階
第5回	1971年度	第3次産業の新展開
第6回	1972年度	新しい国際環境と九州経済
第7回	1973年度	都市成長と地域経済の変貌
第8回	1974年度	地域開発と土地問題
第9回	1975年度	中小企業と地域経済
第10回	1976年度	昭和60年の九州経済
第11回	1977年度	地方都市の新展開
第12回	1978年度	地域経済と雇用問題
第13回	1979年度	九州観光の現状と課題
第14回	1980年度	住宅需給の展望と住宅産業
第15回	1981年度	産業構造の変革と九州経済の展望
第16回	1982年度	国際化と地域経済
第17回	1983年度	成熟社会と九州市場
第18回	1984年度	情報化と地域経済
第19回	1985年度	地域ストックの変容と課題
第20回	1986年度	円高と地域経済
第21回	1987年度	サービス化と地域経済
第22回	1988年度	アジア時代と地域経済
第23回	1989年度	リゾートと地域開発
第24回	1990年度	福岡一極集中と九州経済
第25回	1992年（1991年度）	九州新時代への胎動
第26回	1993年	岐路に立つ地方拠点都市
第27回	1994年	変革期の個人消費と産業
第28回	1995年	新地方の時代と中堅企業
第29回	1996年	国際調整 九州からの挑戦
第30回	1997年	大転換期の九州
第31回	1998年	情報通信革命と九州
第32回	1999年	都市再編と地域の変容
第33回	2000年	分権社会と新しい主体
第34回	2001年	人材流動と新しい経営
第35回	2002年	循環型社会と新しい資本
第36回	2003年	新しい観光・集客戦略
第37回	2004年	フードアイランド九州
第38回	2005年	地方発 新規事業への挑戦
第39回	2006年	「都心衰退」その実態と再生の芽
第40回	2007年	人口減少時代の到来と地域経済
第41回	2008年	地域浮沈の分水嶺 ～拡大する地域格差と九州経済
第42回	2009年	世界同時不況と地域企業
第43回	2010年	変わる消費と流通イノベーション
第44回	2011年	訪日外国人観光の新段階
第45回	2012年	円高と九州経済 ～強まる生産の拠点性
第46回	2013年	アジア最前線 ～九州のグローバル戦略
第47回	2014年	アグリプレナーが拓く農業新時代
第48回	2015年	都市再構築と地方創生のデザイン
第49回	2016年	中核企業と地域産業の新陳代謝
第50回	2017年	人材枯渇時代を生き抜く地域戦略
第51回	2018年	スマホ時代の新しい消費と流通
第52回	2019年	スポーツの成長産業化と九州経済
第53回	2020年	ベンチャー企業の成長による地域活性化
第54回	2021年	コロナショックと九州経済
第55回	2022年	アフターコロナの企業戦略

九経調（公益財団法人九州経済調査協会）は……

九州地域の産官学により1946年に設立された民間のシンクタンクです。
九州地域の経済、産業、地域の調査を通じて、地域経済社会の発展に貢献することを目的とし、主に次のような活動を行っています。

★地域シンクタンク

・景気動向、経済予測、産業振興、地域振興、ベンチャー企業、アジア、社会資本整備等に関する調査研究
・「九州経済白書」「九州経済調査月報」「図説九州経済」等を刊行
・国や地方自治体等から年間約70本の調査事業を受託
・九州経済白書説明会、イブニングセミナー等の講演会やリモートセミナーを年間50回程度開催
・福岡経済同友会、九州経済を考える懇談会、地域政策デザインスクール等の事務局を運営

★会員制ビジネス図書館「BIZCOLI（ビズコリ）」

・最新のビジネス書籍、経済・産業・経営・地域づくりの専門書籍、各種統計等を開架。蔵書数20万冊
・打合せやコワーキングのための交流ラウンジ。セミナー、勉強会等も開催
・九州地域のビジネス情報やマーケット情報を書籍、写真、映像、グッズ等で企画展示
・マイデスクゾーン：半個室タイプのワークデスク（15席）
・ミーティングルーム：貸し会議室（24名程度、２分割の利用も可能）
・リモートミーティングボックス：Web 会議に最適な個室タイプのボックス（２席）

★九州地域経済分析プラットフォーム「DATASALAD（データサラダ）」

・九州地域の多様かつ最新の地域経済データを提供するデジタル情報サービス
・政府等が公開するオープンデータや未活用のビッグデータを収集・解析し、新たな価値ある情報を創造
・サービスメニュー：ビッグデータ、景気指標、産業指標、社会指標、経済マップ、経済トレンド等
・九州地域の動きだけでなく、各県データからメッシュデータまで、地域に密着したデータや情報を提供
・年次データだけでなく、月次データ、日次データ等、迅速でタイムリーな情報を発信

九経調の活動は、企業、自治体、大学、個人等の会員の皆様によって支えられています。
ご入会についてのお問い合わせ先：事業開発部（092-721-4909）またはホームページ（https://www.kerc.or.jp/）

アフターコロナの企業戦略　2022年版 九州経済白書

2022年２月発行

発行者　髙　木　直　人

発行所　公益財団法人　九州経済調査協会
福岡市中央区渡辺通２丁目１番82号
電気ビル共創館５階（〒810-0004）
電話　092－721－4900
[URL] https://www.kerc.or.jp/

印　刷　株式会社　昭　和　堂
電話　092－260－9494

ISBN 978－4－903775－53－1